LA
DEFFENCE ET ILLUSTRATION

DE LA

LANGUE FRANCOYSE,

PAR JOACHIM DU BELLAY;

PRÉCÉDÉE D'UN

DISCOURS SUR LE BON USAGE

DE

LA LANGUE FRANÇAISE,

PAR PAUL ACKERMANN,

L'un des auteurs du *Vocabulaire de l'Académie.*

PARIS.

CROZET, LIBRAIRE DE LA BIBLIOTHÈQUE ROYALE,

QUAI MALAQUAIS, N° 15.

1839.

LA DEFFENCE ET ILLUSTRATION

DE LA LANGUE FRANCOYSE,

PAR JOACHIM DU BELLAY;

PRÉCÉDÉE D'UN

DISCOURS SUR LE BON USAGE

DE

LA LANGUE FRANÇAISE,

PAR PAUL ACKERMANN.

IMPRIMERIE DE TERZUOLO,
rue Madame, n° 30.

LA
DEFFENCE ET ILLUSTRATION

DE LA

LANGUE FRANCOYSE,

PAR JOACHIM DU BELLAY;

PRÉCÉDÉE D'UN

DISCOURS SUR LE BON USAGE

DE

LA LANGUE FRANÇAISE,

PAR PAUL ACKERMANN.

PARIS.

CROZET, LIBRAIRE DE LA BIBLIOTHÈQUE ROYALE,

QUAI MALAQUAIS, N° 15.

1839.

DISCOURS

SUR LE BON USAGE

DE LA LANGUE FRANÇAISE,

PAR PAUL ACKERMANN.

—

« Un beau style n'est tel que par le nombre
infini de vérités qu'il présente. Toutes les beautés
intellectuelles qui s'y trouvent, tous les rapports
dont il est composé sont autant de vérités aussi
utiles, et peut-être plus précieuses pour l'esprit humain, que celles qui peuvent faire le fond du sujet. »

BUFFON, *Disc. de réception à l'Acad. française.*

— « Scribendi recte sapere est principium et fons. »

HORAT., *de Art. poet.*, v. 309.

PRÉFACE.

—

On n'a jamais bien déterminé ce que c'est que la langue française classique, et quels sont ses écrivains. Il est pénible de voir dans les grammaires et les dictionnaires, à l'appui d'un terme, d'une locution, citer les deux Rousseau et des auteurs aujourd'hui en vogue, comme on fait La Fontaine et Voltaire. Quels sont donc nos écrivains classiques, et à quoi reconnaît-on qu'une locution est correcte, qu'un mot est français?

L'Académie française prépare, dit-on, un admirable travail, un Dictionnaire historique, critique et étymologique de la langue française : mais à quelle époque prend-elle la langue? Si elle remonte au-delà d'Amyot, elle empiète évidemment sur les glossaires et sur les domaines de l'Académie des Inscriptions et Belles-Lettres. Quel est donc son point de départ? quelles sont ses vues générales sur l'histoire de la langue?

Aujourd'hui plus que jamais il faut se fixer sur l'unité, la précision et les règles de notre langue, qui a tant faibli depuis le milieu du siècle dernier.

L'étude plus générale et le progrès toujours croissant des sciences mathématiques et d'observation, la tribune, et les journaux politiques toujours écrits avec précipitation, les articles reproduits journellement des journaux étrangers, l'imitation maladroite des littératures du Nord et du vieux style, ont introduit dans la langue française moderne une foule de nouveaux mots et de locutions inusitées; enfin les hommes les plus éminents du mouvement qu'on nomma *romantique* ont à l'envi dénaturé la langue précise et limpide du dix-septième siècle. Cette jeune école, hardie mais aventureuse, s'est perdue par l'orgueil, et après avoir lancé de si belles flammes, elle ne jette plus maintenant que de la fumée et des scories.

Depuis 1835 il y a une réaction sensible contre les écrivains incorrects et contre les grammairiens ignorants et systématiques, et l'on penche visiblement à reprendre la langue du dix-septième siècle, en acceptant les nouveautés légitimes qu'y a introduites le tems; mais ce mouvement sera vain, s'il n'est secondé et dirigé par des hommes qui ont des lumières spéciales et un jugement sain et courageux.

Dans notre désir de voir la langue se rasseoir et se régénérer de plus en plus, nous avons abordé la question de l'*autorité* et celle des *âges*, les croyant capitales aujourd'hui dans la littérature. Nous ne pouvons partager l'opinion de ceux qui disent : tout est perdu. Sans doute beaucoup de mal est fait, mais comme la nation est encore pleine de vie, c'est une erreur funeste de désespérer de l'avenir.

Nous devons dire un mot sur notre réimpression de la *Deffence et illustration de la langue francoyse* de Joachim du Bellay. C'est un des plus précieux opuscules littéraires du seizième siècle ; l'auteur, ami de Ronsard, l'écrivit pour appuyer les tentatives de la nouvelle école poétique, et faire rendre à la langue vulgaire l'empire que le latin usurpait encore. Cette *Deffense* est elle-même un monument de notre langue dans la période qui prépara le français de Balzac et de Pascal.

L'édition originale de la *Deffence et illustration de la langue francoyse* est devenue tellement rare qu'on ne la trouve plus dans le commerce. Pour posséder cet ouvrage, il faut l'acheter dénaturé dans son orthographe, dans son langage même, et enfoui dans un gros volume de vers d'un mérite fort inégal. Nous avons cru faire plaisir aux amateurs de Du

Bellay et du XVIᵉ siècle de réimprimer cette *Deffence*, si justement estimée et recherchée des connaisseurs. Le texte que
nous donnons est collationné sur un exemplaire de l'édition
originale, appartenant à la bibliothèque de l'Arsenal, et dont
voici le titre exact : *La Deffence et illustration de la langue
francoyse*, par J. A. D. B. Imprimé à Paris pour Arnoult
l'Angelier, 1549. In-8° (sans pagination). Nous en avons
conservé l'orthographe, mais en y introduisant la distinction de l'*u* et du *v*, de l'*i* et du *j*, et sans nous asservir à la
ponctuation et aux lettres capitales qui y surabondent d'après
l'usage du tems; pour tout le reste, l'orthographe de l'édition originale est exactement reproduite.

Beaucoup de savants, en réimprimant aujourd'hui de vieux
textes, ont l'habitude de placer sur les *e* inaccentués alors,
les accents que nous y mettons aujourd'hui : nous avons cru
devoir nous éloigner de cette méthode, qui est évidemment
erronée. Qui m'assure que du tems de mon vieil auteur on pro-
nonçait les *e* comme aujourd'hui ? Il faudrait par des preuves
solides avoir établi à l'avance leur prononciation.

Dans l'édition que nous suivons, il y a parfois un accent
sur *a*, troisième personne du singulier du présent de l'indi-
catif du verbe *avoir*, mais le plus souvent il n'y en a pas;
nous avons cherché à l'enlever partout, pensant que cette
irrégularité venait de l'imprimeur, et parce qu'ici l'accent
n'influe en rien sur la prononciation du mot (1).

Quelques mots nous ont paru être des fautes palpables,
provenant sans doute de la négligence de l'imprimeur ; nous
avons rétabli entre [ ] la leçon qui était certainement celle de
l'auteur.

Du Bellay avait approuvé, sans les adopter toutes, les
simplifications orthographiques réclamées par plusieurs de

---

(1) À la page 85, ligne 10, lisez *a* au lieu de *à*.

ses contemporains : « Quant à l'Orthographe, dit-il tout à
» la fin de son livre, j'ay plus suyvy le commun et antiq' usaige
» que la raison, d'autant que cete nouvelle (mais legitime à
» mon jugement) façon d'ecrire est si mal receue en beau-
» coup de lieux, que la nouveauté d'icelle eust peu rendre
» l'œuvre non gueres de soy recommendable, mal plaisant,
» voyre contemptible aux lecteurs. » Après sa mort les édi-
teurs de ses œuvres y mirent l'orthographe de l'année de
chaque impression nouvelle, et rétablirent ainsi nombre d's
qui ne furent définitivement supprimées qu'au XVIII⁰ siècle.
et que Du Bellay avait déjà rejetées de son orthographe ; ils
firent plus, ils rajeunirent son langage, substituant *person-*
nage, à *personnaige*, *transportèrent* à *transportarent*, et
ainsi de suite. Nous n'avons point commis cette faute, et nous
espérons qu'on nous en saura gré. On rencontrera dans l'ouvrage de Du Bellay quelques mots écrits de deux manières :
c'est un reste des fluctuations et des irrégularités de l'orthographe du moyen-âge, défaut peu sensible dans l'édition
originale, mais qui s'accrut dans les éditions posthumes.
Nous n'avons pas cru devoir faire disparaître le petit nombre
d'irrégularités que présente sous ce rapport l'édition que
nous suivons, dans une réimpression faite seulement pour les
amateurs et non pour les écoles.

Enfin, toujours dans l'intention d'agréer au lecteur, nous
avons rappelé en note au bas des pages quelques passages
d'Horace, de Cicéron et de Virgile que Du Bellay avait mê-
lés à sa composition, et que nous avons reconnus ; le lecteur instruit en trouvera peut-être qui nous ont échappé.
Ces emprunts nous font voir que Du Bellay connaissait bien
ceux dont il repoussait l'idiôme, et que l'étude des anciens
n'a pas été sans influence sur la maturité de la langue
française.

Paris, 20 avril 1839.　　　　　P. A.

OUVRAGES A CONSULTER

Illustration de la langue françoise , par Jean Palsgrave. Londres , 1530, in-fol.

Je n'ai pu prendre connaissance de cet ouvrage.

La Deffence et illustration de la Langue Francoyse, par J. A. D. B. (Joachim Du Bellay.) Paris, Arnoult l'Angelier, 1549, in-8°.

Apologie pour la Langue Francoise, en laquelle est amplement deduite son origine et excellence ; le moyen de l'enrichir et augmenter selon les anciens Grecs et Romains; l'obseruation de quelques manieres de parler francoises; une exhortation aux Francois d'escrire en leur langue, etc., par J. A. D. B. (Joachim Du Bellay.) Paris, Lucas Breyer, 1580, in-8°.

C'est la meilleure réimpression de l'ouvrage de Du Bellay; elle n'est cependant pas parfaitement exacte.

Lettres d'Estienne Pasquier. La seconde Lettre du liv. I, datée de 1552, adressée à M. de Tournebu , roule sur l'emploi de la langue française dans la littérature.

Oraison de Jacq. Tahureau au Roy, de la grandeur de son regne, et de l'excellance de la langue francoise, etc. Paris, Vᵉ Maurice de la Porte, 1555, in-4°.

Devis de la langue francoise fort exquis et singulier, par A. M. Sieur de Moystardieres. Paris, Jean de Bordeaux , 1572 , in-8°.

Art poëtique françois. — *Avec le Quintil Horatian, sur la defense et illustration de la Langue Françoise.* Lyon, Benoist Rigaud, 1576, in-18.

Deux dialogues du nouueau langage François, italianizé, et autrement desguizé, principalement entre les courtisans de ce temps : De plusieurs nouueautez, qui ont accompagné ceste nouueauté de langage : De quelques courtisanismes modernes, et De quelques singularitez courtisanesques (par Henry Estienne). Sans date, in-8°.

Project du livre intitulé De la Precellence du langage françois, par Henry Estienne. Paris, Mamert Patisson, 1579, in-8°.

La Langue françoyse de Jean Godart, Parisien; première partie. Lyon, Nicolas Jvllieron, 1620, in-8°.

Remarques sur la langue françoise, par Claude Favre de Vaugelas, de l'Académie française. PRÉFACE. Paris, 1647, in-4°.

La defense de la poésie et de la langue françoise (en vers), adressée à M. Perrault, par J. Desmarets. Paris, Nicolas Le Gras, 1675, in-12.

Considerations en faveur de la langue françoise, par l'abbé de Marolles. Paris, 1677, in-4°.

De l'Excellence de la langue françoise, par M. Charpentier, de l'Académie Françoise. Paris, Vᵉ Bilaine, 1683, 2 vol. in-8°.

C'est un ouvrage verbeux et déclamatoire, où sont noyées quelques bonnes idées.

Bibliothèque universelle et historique de l'année 1687, t. VII, p. 181-195.

On y examine si la langue française a plus gagné que perdu depuis Amyot.

L'Art de bien prononcer et bien parler la langue françoise, par le sieur J. H. (J. Hindret.) Paris, Vᵉ Cl. Thiboust, 1687, in-12.

Des mots à la mode, et des nouvelles façons de parler : avec la suite traitant du bon et du mauvais usage dans les manieres de s'exprimer, etc., par François de Cailliere, de l'Académie françoise. Paris, 1693, in-12.

Ce livre est bien fait et agréable à lire.

Du bon et mauvais usage, dans les manières de s'exprimer. Des façons de parler bourgeoises, et en quoy elles sont différentes de celles de la cour, suitte des mots à la mode. Paris, Claude Barbin, 1693, 2 vol.

Le Dictionnaire de l'Académie françoise. Paris, Jean-Baptiste Coignard, 1694, 2 vol. in-fol. V. la PRÉFACE placée à la tête du tome 1.

Maniere de parler la Langue Françoise selon ses differens styles, avec la critique de nos plus celebres Ecrivains en Prose et en Vers: et un petit Traité de l'Ortographe et de la Prononciation Françoise, par André Renaud, Prêtre Docteur en théologie. Lyon, 1694, in-4°. (V. t. 1, p. 167 et suiv.)

Je n'ai pu prendre connaissance de cet ouvrage.

Le sort de la langue française (par de Lionniere). Paris, Vᵉ Claude Barbin, 1703, in-12.

Ce dont il est le moins question dans ce livre, c'est de la langue française, mais on y parle longuement de l'origine et de la splendeur de la monarchie française.

Traité des langues, où l'on donne des principes pour juger du mérite et de l'excellence de chaque langue, et en particulier de la langue françoise, par le sieur Frain du Tremblay, de l'Académie d'Angers. Paris, J.-B. Delespine, 1703, in-12.

Maximes sur le ministère de la chaire et discours académiques, par feu le R. P. Gaichiés, prêtre de l'Oratoire, et membre de l'Académie de Soissons. Paris, 1739, in-12. On y trouve, p. 234-247, un DISCOURS SUR LE PROGRÈS DE LA LANGUE FRANÇOISE.

Dictionnaire du vieux langage françois ; avec Un coup-

d'œil sur l'origine, sur les progrès de la langue et de la poësie françoise, des fragmens des troubadours et des autres poëtes, depuis Charlemagne jusqu'à François Ier, par Lacombe. Supplément. Paris, chez Nic. Aug. Delalain, 1767, in-8°.

L'auteur dans son *coup-d'œil* a vu les choses de travers, si l'on me permet de continuer la métaphore. Dans cette préface, comme dans son Dictionnaire, il marche sans critique et sans règle. Il compte les époques de la langue française d'après les règnes de nos rois, et prend la langue provençale pour un dialecte français. Un glossateur est jugé, quand il peut donner les vers suivants comme étant du VIIe siècle :

> « Por amor de vos pri, saignos Barun
> Si ce vos tuit escorer la leçun
> De seint Esteve le glorieux Barun,
> Escotet la per bone entenbion,
> Ki à ce jor receu la passion.
> Saint Esteve fut pleins de gran bonté,
> Emment tot cels qui creignent Dieu,
> Fesoit miracle o nom de Dieu mendé,
> As contrat et au ces, à tos done santé,
> Por ce haïrent au tems li juve. »

C'est du français du XIIIe siècle.

Dictionnaire philosophique, par Voltaire; voyez l'article *François, Français*, t. IV, p. 483-504, et l'article *Langues*, t. V, p. 511-540. (Œuvres de Voltaire, édit. Beuchot.)

Mémoire sur l'origine et les révolutions de la langue françoise, par Duclos, dans les *Mémoires de l'Académie des Inscriptions et Belles-Lettres*, t. XV, p. 565, et t. XVII, p. 171 (1751).

Ces deux Mémoires ont été réimprimés, sans nom d'auteur, sous le titre de *Discours sur l'origine et les révolutions des langues celtique et françoise*. Paris, Saugrain et Lamy, 1780, in-8°.

De la langue françoise comparée aux langues anciennes.
C'est le chap. 3 du liv. I de la première partie du *Cours de Lit-térature* de Laharpe.

Lettre de l'auteur de l'Anatomie de la langue françoise, à
M. le baron de B*** (Bernstorf), *du musée de Paris, à l'occa-*
sion du Discours (de Rivarol) *sur l'universalité de la langue fran-*
çoise (par M. De Sauseuil). Londres et Paris, Guillot, 1785,
in-12.

L'Esprit de la langue française, et la cause de l'universalité
de cette langue, etc. Dijon, 1787.
Je n'ai pu prendre connaissance de cet ouvrage ; on le dit de
nulle valeur.

De l'Universalité de la langue françoise, par A. C. de Rivarol. Paris, Cocheris, an V (1797), in-4°.

Dissertation sur les causes de l'Universalité de la langue
françoise, et la durée vraisemblable de son empire, par
M. Schwab. Traduit de l'allemand par D. Robelot. Paris,
Lamy, 1803, in-8°.
En 1783, l'Académie de Berlin avait proposé pour sujet de
concours les trois questions suivantes :

Qu'est-ce qui a rendu la langue françoise nouvelle ?
Pourquoi mérite-t-elle cette prérogative ?
Est-il à présumer qu'elle la conserve ?

La dissertion de Rivarol et celle de Schwab furent toutes deux
couronnées.

Discours sur l'origine et les progrès de la langue françoise,
et sur ses caractères, par J.-B.-Fr. Gérusez, 1800, in-8°.
Je n'ai pu prendre connaissance de cet ouvrage.

Essai sur les meilleurs ouvrages écrits en prose dans la lan-
gue françoise, et particulièrement sur les Provinciales de Pascal,
par François de Neufchateau.
Cet estimable opuscule est placé à la tête d'une édition des

Lettres Provinciales. Paris, F. Didot l'aîné, 1816, 2 vol. in-8°, tome 1.

Grammaire Générale et raisonnée de Port-Royal, par Arnauld et Lancelot; précédée d'un ESSAI SUR L'ORIGINE ET LES PROGRÈS DE LA LANGUE FRANÇOISE, par M. Petitot, 2ᵉ édition. Paris, Bossange et Masson, 1810, in-8°.

Dans cette prolixe dissertation de M. Petitot, le style est assez élégant, mais l'auteur manque de vues, et ne fait guère que répéter ce qui a été dit avant lui.

Histoire de la langue française, par Gabriel Henry. Paris, Leblanc, 1812, 2 vol. in-8°.

Ouvrage verbeux, oratoire, vague, plein de banalités; on y remarque cependant de l'érudition; l'auteur avait beaucoup lu, et son livre a le mérite de donner les titres de beaucoup de traités grammaticaux français; mais il faut se défier de ses indications bibliographiques.

Supplément au Glossaire de la langue romane, par J.-B. Roquefort; précédé de deux dissertations inédites; l'une sur l'Origine des François; l'autre sur le GÉNIE DE LA LANGUE FRANÇOISE, par M. Auguis. Paris, Chasseriau et Hécart, 1820, in-8°.

Essai sur l'universalité de la langue française, ses causes, ses effets et les motifs qui pourront contribuer à la rendre durable, par C. N. Allou. Paris, Firmin Didot, 1828, in-8.

Dictionnaire de l'Académie française, sixième édition. Paris, Firmin Didot frères, 1835, 2 vol. in-4°. V. la PRÉFACE placée à la tête du tome 1.

Histoire abrégée de la langue et de la littérature française, par F. Barthe. Paris, Hachette, 1838, in-8°.

DISCOURS

SUR LE BON USAGE

DE LA LANGUE FRANÇAISE.

———————

L'homme que son talent naturel appelle à être orateur ou poëte, n'a point apporté en naissant un discernement parfait de la propriété des termes, mais seulement un instinct vague du choix des expressions. La délicatesse de son goût est plutôt en germe que développée. Il cultivera et assurera ce goût par une lecture réfléchie des auteurs dont le style est précis et délicat, et en observant comment parlent les personnes dont le langage réunit ces deux qualités. Il faut qu'il apprenne à distinguer le dialecte littéraire des langages provinciaux, les expressions qui conviennent aux différents styles, la langue écrite du parler négligé. Un génie même supérieur, quelque goût qu'il ait reçu de la nature, ne peut se passer de cette observation approfondie. On apprend à devenir écrivain par le commerce des bons auteurs, comme on se forme à la politesse par l'usage du monde élégant. La politesse des manières, ainsi que celle de l'esprit, exige d'abord un tact naturel ; mais toutes deux veulent impérieusement de la culture. Nul n'est en droit de dédaigner cette étude. Louis XIV et d'autres personnages célèbres, connus par leur ton exquis, se plaisaient à traiter, à discuter des cas de politesse ; sentaient le besoin d'observations et de réflexions pour étendre et assurer leur jugement.

La même méthode et la même étude conduisent à la perfection des manières et à celle du langage ; il y a même entre elles une liaison intime : comment supposer, en effet, dans une société des

propos délicats et des manières grossières ? Ces grands écrivains
du dix-septième siècle, si clairs, si nerveux, si élégants, étaient
des personnes de bon ton, et s'étaient appliqués avec un soin
extrême à connaître le bon usage des mots. Mais trop souvent
l'étrangeté et la violence du style ont pris la place du naturel et
de la délicatesse. On a oublié, ce semble, que tout écrivain,
même de génie, s'abaisse par la grossièreté, rebute par la recherche et l'apprêt, et diminue l'influence légitime de ses écrits en
dédaignant la pureté du langage.

Le but de ce discours est d'enseigner *comment* et *où* l'on peut
apprendre la politesse et la pureté de la langue française. Je ne
suis pas capable d'instruire d'exemple, mais je puis indiquer les
modèles, enseigner les sources de l'Usage. Je vais entrer dans
quelques considérations philosophiques, puis j'examinerai chez
qui se trouve le bon usage écrit de la langue; enfin, arrivé à
notre époque, je rechercherai quelles sont les causes de la corruption de l'éloquence actuelle, et où l'on peut, de nos jours, rencontrer des personnes qui parlent purement la langue française.

CHAPITRE I. — *Diversité littéraire des Langues.*

On prête à **Buffon** cette phrase, qui n'est pas précisément la
sienne : « Le style c'est l'homme. » Non, le style n'est pas l'homme,
mais comme il est produit par l'esprit humain, il révèle une partie de l'homme. Ainsi, selon le génie particulier de chaque indi-
vidu, son style variera, et offrira avec celui de ses compatriotes
des nuances, des différences plus ou moins sensibles. Il en est de
même des peuples; et de la différence des génies nationaux naît
presque entièrement la variété littéraire des langues. Je dis presque entièrement, car il est des différences grammaticales qui
viennent de l'oreille et non de l'esprit.

Selon que l'Esprit ou la Réflexion, l'Imagination ou le Sentiment prédominent, se mélangent ou s'excluent chez un homme, son style en porte les traces. Il en est de même pour toute une langue, selon la nature d'esprit de la foule. Je vais présenter quelques exemples; et dès le premier l'on pourra voir combien, malgré le nombre et la force de certaines influences communes entre deux peuples, ces deux peuples peuvent différer profondément de génie et de style. Les Français sont une nation moderne et en grande partie d'origine germanique. L'éducation chrétienne et l'instruction classique existent chez nous comme chez les Allemands, et à peu près depuis la même époque. Ils lisent nos ouvrages et les ont toujours lus; ainsi nos auteurs ont dû beaucoup influer sur leur littérature. Ils ont comme nous l'article et les verbes auxiliaires. Cependant il n'est pas un traducteur qui n'ait pu observer combien il est difficile de rendre en français un auteur allemand. Des écrivains fort élégants sont plats traduits en allemand, quoique avec soin, et même malheur arrive aux auteurs allemands traduits dans notre langue. Quelle est donc l'explication de ces deux faits singuliers? Elle est, si je ne m'abuse, dans la diversité d'esprit des deux nations. L'Allemand est essentiellement contemplatif et inductif : son génie littéraire se compose d'une certaine dose de réflexion et d'imagination; mais il manque en général d'esprit, et c'est ce qui fait à l'égard de la France, de l'Italie et de l'Angleterre, son infériorité relative en littérature. Le Français, au contraire, est d'une conception vive, promte, nette, saisissant bien en toutes choses les contrastes et les ressemblances. L'intelligence est sa faculté la plus vive. C'est l'esprit géométrique, déductif par excellence. Nous sommes les disciples d'Aristote et de Descartes. Aussi la littérature française s'est-elle placée au premier rang bien plus par l'esprit et la régularité que par l'imagination. Un étranger, homme plus réfléchi qu'inspiré, plus grave que badin, qui ne pouvait parvenir à écrire supportablement le français, qu'on lui avait cependant fait cultiver dès son enfance, frappé de la physionomie de nos auteurs, me dit un jour qu'il croyait qu'il est impossible de bien posséder notre langue, si l'on n'est homme d'esprit. Il suffit d'être homme de sens; mais sa remarque était profonde, il méritait de savoir le français.

Chez aucun peuple l'intelligence n'a plus été séparée de l'imagination que chez les Français; chez les Allemands au contraire la liaison est intime. Cette différence de proportions, de relation entre les facultés en met une aussi grande dans le style. Il est presque impossible, si l'on est d'une de ces deux natures-là, qu'on s'exprime avec un parfait naturel dans un style élaboré par des esprits de l'autre trempe. Avant que j'eusse fait aucune de ces réflexions, longtems je fus sans pouvoir me rendre compte de l'impression que fesait sur moi le style de J.-J. Rousseau ; je ne savais qu'y redire; mais il me semblait voir en lui un homme condamné à être orateur dans une langue qui n'est pas la sienne, mais qui y est parvenu.

C'est que, bien que Rousseau eût beaucoup d'esprit, il avait encore davantage d'imagination et de réflexion, et une vie sentimentale bien différente de celle du Parisien. Même fait se remarque dans Montaigne, qui a eu plus d'imagination qu'aucun autre philosophe français, et plus de méditation philosophique que tous ses prédécesseurs. A force d'esprit et de vigueur il parvint à briller dans notre langue, mais ce ne fut pas sans peine. C'est que l'activité d'imagination et de réflexion était, chez ces deux hommes, unie à l'intelligence dans une proportion exceptionnelle pour la France. De semblables génies sont pour une littérature ce que les conquêtes sont pour une nation : elles étendent ses domaines, mais en altérant son unité.

Il est un peuple qui fut favorisé par excellence, dont la langue satisfit aux plus grands plaisirs de l'oreille et à tous les besoins de la pensée. Le peuple qui la parlait, également méditatif et inspiré, poëte, orateur et philosophe, posséda dans le plus haut degré connu ce juste équilibre des facultés qui fait le grand écrivain. Il eut à la fois la justesse de goût et la puissance complète de création; c'était un mélange d'inspiration et de méditation,

de poésie et de philosophie, de naïveté et de réflexion, de délicatesse et de force. J'ai nommé les Grecs, restés uniques jusqu'aujourd'hui pour la variété, la force et la perfection du talent littéraire. Les Latins, qui vinrent après eux, eurent plus de jugement que d'imagination, et, rivaux des Grecs en quelques parties, ils sont demeurés dans d'autres incomplets et même nuls.
La langue et la civilisation des Grecs et des Romains étaient
pourtant sœurs. Il y a entre les Italiens et les Français une relation à peu près analogue. Chez nous l'esprit l'a emporté, chez les
Italiens l'imagination.

De la différence intime qui est entre la poésie et l'éloquence,
l'une se rattachant plus à l'imagination, l'autre à l'esprit, naît une
diversité marquée d'*élégance* entre les poëtes et les orateurs.
Comme cette différence n'a point encore été développée par les
grammairiens, je vais essayer d'expliquer en quoi elle consiste.

L'art, comme je viens de le dire, se présentant sous une double face, il se propose aussi deux objets différents : la prose veut
expliquer, la poésie veut *plaire ;* l'une cherche la clarté et l'autre l'effet ; par conséquent il leur faut à toutes deux des ressources différentes de langage. Les langues poétiques sont riches en
synonymes du genre au genre ; les langues scientifiques le sont
dans les mots qui expriment les variétés du genre. Celui qui parle
pour dire ce qu'il sait recherche surtout la précision qui donne
la clarté à son discours ; l'homme qui chante veut faire admirer
ce qu'il voit ou communiquer une émotion. Trop de précision
nuirait à ce dernier, qui doit laisser une certaine latitude à l'imagination de son auditeur ; un certain vague, soutenu pourtant
par la justesse, convient à ses expressions ; il lui faut un grand
nombre d'adjectifs et de verbes dont le sens soit large ; il
recherche l'à-propos et l'abondance des métaphores ; le premier pour être élégant s'enquiert de la propriété rigoureuse et du
degré de dignité des expressions. Les associations d'idées attachées
aux mots consacrés par l'usage chez les peuples orateurs appar-
tiennent et vont à l'intelligence, tandis que chez les peuples poëtes

elles consistent surtout en nuances qui frappent l'imagination. Il va sans dire que cette délimitation ne peut être absolue ; j'exprime des généralités et montre ce qui domine d'un côté et de l'autre. L'orateur, pour revêtir son style d'une élégance accomplie, a besoin de quelques nuances poétiques ; il peut même selon le genre d'éloquence les multiplier et les renforcer.

Le style poétique et le style positif se séparent encore de la manière la plus sensible par la construction des phrases. L'une exige l'inversion, l'autre y répugne ; c'est d'un côté La Fontaine, de l'autre la prose de Voltaire et du *Code civil;* le premier remarquable par le choix des tournures pittoresques, les deux autres par la précision et la clarté. Il faut remarquer que la présence ou l'absence de déclinaisons, la richesse des formes du verbe, comme aussi l'harmonie de certains mots, que pour cette raison on peut ou l'on ne peut pas rejeter à la fin de la phrase, déterminent beaucoup l'emploi fréquent ou la difficulté des inversions ; mais il n'est pas de langue qui ne puisse, selon le genre de la composition, selon l'art et la tournure d'esprit de l'auteur, permettre l'emploi dominant du style inversif ou de la construction directe. Un démonstrateur a besoin d'être logique et précis, le poëte d'avancer ou de suspendre l'effet qu'il veut produire sur l'imagination. Il faut donc, comme le veut la nature de toute langue, laisser aux écrivains, selon les convenances de leur sujet, une grande latitude dans le choix des tournures.

CHAPITRE II. — *Phases, époques d'une langue littéraire.*

La même diversité qui peut exister dans le caractère littéraire de deux langues, se retrouve dans les phases successives de chacune d'elles, et toute littérature développée et mûrie a eu ses tems plus poétiques et ses tems plus philosophiques. Comme le fonds emporte la forme, à mesure que les idées, le ton, et les cou-

leurs changent dans une littérature, le langage en reçoit des alté-
rations. Le premier caractère de l'usage c'est d'être variable.
Les révolutions dans les idées, les sentiments, les mœurs, les in-
stitutions politiques apportent des substitutions de locutions et des
changements dans la valeur des mots.

Jusqu'à présent on est toujours parti, pour définir les phases
littéraires d'une langue, de l'année de l'apparition des ouvrages
célèbres ; mais ce moyen est tout-à-fait insuffisant.

Rigoureusement parlant, il n'y a pas un style propre à chaque époque, à chaque année. Pourrait-on dire par exemple que
dans l'année 1830 il y avait une teinte commune de style, une
entière conformité dans les mouvements et l'emploi des termes ?
Non assurément, et la raison en est fort simple : les générations,
tout en se succédant, vivent ensemble, et dans cette même année
1830 il y avait des vieillards, des hommes mûrs, des jeunes
gens et des adolescents. Mais, dira-t-on, ne suffit-il pas de vivre
ensemble pour offrir les mêmes qualités de langage et de style ?
Sans doute cette influence est grande, mais il en est une plus
forte encore. En général l'état de notre style s'explique par nos
lectures et nos impressions anciennes, ce sont du moins les plus
puissantes ; celles du jour n'influent sur notre style que pour y
mettre plus ou moins de mouvement ; et là, comme ailleurs, la
raison du présent est dans le passé : or le passé d'un vieillard
n'est pas celui d'un jeune homme.

C'est de quinze à trente ans que notre imagination prend ses
couleurs, que notre cœur s'est ému, que la plupart de nos idées
ont germé, et que par conséquent se sont jetées les bases de
notre style. Au-delà de cet âge, les habitudes d'oreille et d'expression sont à peu près fixées ; nous perdons la tendreur nécessaire pour recevoir des impressions vives, profondes et fertiles ;
il ne nous reste plus que celles du jeune âge, qui dès lors semblent fermer la porte à toute influence nouvelle. Les hommes
aiment et conservent les locutions à la mode dans leur jeunesse.
Aussi les ouvrages des jeunes gens n'influent guère sur le

style des hommes faits et des vieillards, bien qu'ils soient compatriotes et contemporains. Les jeunes gens au contraire, communicatifs, souvent élevés en commun, se trouvent pour toute leur génération à peu près sous l'impression des événements du jour et des idées nouvelles ; ils vivent longtems de la vie commune, pendant que l'homme de pensée cherche à s'isoler quand il se reconnaît assez fort pour marcher seul, et se maintient aussi roide dans le mouvement que le jeune homme y est chaud, tendre et flexible. Ainsi, à la même année, il y a pour les deux ou trois générations qui peuvent alors écrire, des styles propres et distincts, et, si l'on peut s'exprimer ainsi, dans la même langue des phases contemporaines. Ainsi la date de l'apparition d'un livre n'expliquant pas à quelle période il appartient, le plus sûr est de grouper les auteurs par date de naissance. Pour fixer les époques de la langue française nous partirons donc de ces deux principes : l'esprit change le style ; les fondements du style sont jetés quand l'esprit prend son assiette.

Les premiers tems de toute littérature sont barbares, puis la poésie fleurit et l'art se développe. Chez nos auteurs le style poétique est dominant depuis Froissard jusqu'à Rabelais inclusivement. Puis apparaît l'esprit philosophique, positif, méthodique. La naissance de notre prose précise, régulière et oratoire date des premiers écrits de Calvin. Les écrivains protestants suivirent cette école, qui a fini par l'emporter.

Calvin, Ronsard et Montaigne préparèrent la langue du dix-septième siècle. Descartes et Corneille déterminèrent son caractère général.

CHAP. III. — *Première époque, ou tems archéologiques.*
Avant 1330.

La Chanson de Roland, par Turold ; R. Wace (né vers 1120) ; Voyage
de Charlemagne à Jérusalem ; le Roman de la Violette, par Gibert de
Montreuil ; Sermons de saint Bernard ; Gérard de Viane ; Villehardouin (né vers 1167) ; Thiebaut, comte de Champagne (né en 1201) ;
le Roman de Renart ; Guillaume de Lorris (né vers 1210?) ; Pierre de
Fontaines (né vers 1210?) ; Joinville (né vers 1224) ; Philippe de
Beaumanoir (né vers1230?) ; Aucassin et Nicolette ; Jean de Meung
(né vers 1250?), etc.

Les plus anciens ouvrages que nous ayons en langue française
paraissent se rapporter à la seconde moitié du douzième siècle.
C'était alors la langue d'oïl, parlée au nord de la Loire. Dans les
thèmes de ses mots elle variait, pour ainsi dire, de village à village. Peu à peu, par suite des circonstances politiques et du mouvement de la population, il se forma dans l'Ile-de-France, dont
Paris était la capitale, un dialecte général, qui avait réuni, en les
harmonisant, les variétés du langage d'oïl (1). Au quinzième siècle il est déjà dominant ; les mots se sont adoucis, et la phrase se
dénoue et se cadence. Enfin au dix-septième siècle, la langue at-
teignit sa dernière perfection sous le double rapport de la *forme*
des mots et de la *propriété* des termes.

Les monuments littéraires abondent au treizième siècle, mais la
langue y est tellement dépourvue de toute espèce d'harmonie et
dans les mots et dans leur assemblage, il y a en outre si peu d'art
dans les compositions poétiques, elles sont en général si vides d'i-
dées, si prolixes, que la lecture en est insoutenable. Notre vieux
et sage Villehardouin n'est lisible que pour des historiens ou des
grammairiens. Je défie un lecteur ordinaire, un poëte, une femme
de lire d'un bout à l'autre avec plaisir un livre de cette époque

(1) Voyez *Recherches sur les formes grammaticales de la langue fran-*
çaise et de ses dialectes, au treizième siècle, par M. G. Fallot, ch. 1.

dans le texte original, même Joinville. Cette littérature rentre dans le domaine de l'érudition, et est inaccessible au public. Elle est barbare, et ce serait à peu près tems perdu que d'y aller chercher aucune richesse pour notre langue actuelle.

CHAP. IV. — *Tems anciens ou poétiques. Écrivains nés de 1330 à 1430.*

Froissard (né en 1333) ; Histoire de Bertrand Du Guesclin (publiée par Ménard) ; les Mémoires de Boucicaut ; Alain Chartier (1386) ; Chroniques, par Monstrelet (né vers 1390) ; Charles d'Orléans (1391) ; Merlin l'Enchanteur ; Jehan de Paris ; le Petit Jehan de Saintré ; l'Avocat Pathelin ; Jacques du Clercq (1424) ; Olivier de la Marche (1426).

A la fin du quatorzième siècle et au commencement du quinzième, dans Froissard et dans Boucicaut, la langue commence à se débrouiller, à se dégrossir, les mots sont moins rudes et varient moins, la phrase prend de la cadence, et l'on peut encore aujourd'hui lire ces deux auteurs avec plaisir et avec fruit. Boucicaut surtout est admirable. La phrase y est nette, forte, ayant déjà une certaine symétrie et un commencement d'harmonie. Les tournures les plus hardies et les plus vives y abondent, les locutions les plus gracieuses y sont semées avec profusion. Le quinzième siècle est véritablement l'âge poétique de la langue, et qui voudrait traduire Homère devrait faire son bréviaire de certains auteurs de ce siècle.

Le mérite épique de Froissard est connu ; je vais citer deux fragments qui montreront la force et la grace du style des Mémoires de Boucicaut.

FRAGMENTS DE L'HISTOIRE DE BOUCICAUT.

Ch. VIII. *Cy parle d'amour, en demonstrant par quelle maniere les bons doivent aimer pour devenir meilleurs.*

— « Mais sais-tu la cause pourquoy tu qui veux aimer trouves en amour communement tant d'amertumes et de maulx? C'est pour ce que tu ne mets mie ton cœur en la vie amoureuse pour cause de mieulx en valoir, ne pour vertu : mais seulement pour delectation que ton corps en a ou espere avoir. Et, pour ce que telle folle plaisance et delectation est chose qui durer ne peult, toute chose qui est fondee dessus ne peult estre seure et à peine se peult garder : mais ce qui est fondé sur vertu est très durable, et en vient bien et joie. Tout ainsy que ie puis bailler exemple du vin, lequel est de soy très bon et qui resjoüit le cœur de l'homme et le reconforte et soustient, et assez de bonnes choses en sont faictes; mais si discretement il n'en prend et que gloutement et en delectation, plus que de raison de son corps : il luy destourne le sens et le ramene comme à nature de beste, qui n'a nulle raison, et luy trouble la veüe, si n'est mie à la coulpe du vin, mais de celuy qui follement en use. — ... »

Ce fragment peut donner une idée de la philosophie morale et de l'éloquence philosophique du tems. Les passages suivants, où notre auteur raconte la défaite des chevaliers français par les Turcs, quand ils furent abandonnés dans la bataille des Hongrois leurs alliés, feront connaître son ton et sa manière épiques.

Ch. XXV. *De la fiere bataille que on dit de Hongrie, qui feut des Chrestiens contre les Turcs.*

..... — « Mais peu estoient contre si grande quantité. Mais ne croyez que pourtant ils reculassent ne gauchissent; ains tout ainsi comme le sanglier, quand il est atainct, plus se fiche avant tant plus se sent envahy, tout ainsi nos vaillans François vainquirent la force des pieux et de tout, et passerent oultre comme courageux et bons combatans.

» Ha! noble contree de Francois, ce n'est mie de maintenant que tes vaillans champions se monstrent hardis et fiers entre toutes les nations du monde; car bien l'ont de coustume dés leur premier commencement, comme il appert par toutes les Histoires, qui des faicts de batailles, où François ayent esté font mention, et mesmement celle des Romains et maintes autres, qui certifient par les espreuves de leurs grands faicts que nulles gens du monde oncques ne feurent trouvez plus hardis ne mieulx combatans, plus constans ne plus chevalereux que les François. Et peu trouve l'on de batailles où ils ayent esté vaincus que ce n'ait esté par trahison, ou par la faute de leurs Chevetains, et par ceulx qui les debvoient conduire. Et encores osay-je plus dire de eulx que, quand il advient que ils ne s'employent en faicts de guerre et que ils sont à sejour, que ce n'est mie leur coulpe, ains est la faulte de ceux à qui il appartiendroit de les embesongner. Si est dommaige quand il advient que gent tant chevaleureuse n'ont chefs selon leur vaillance et hardiesse : car choses merveilleuses feroient.

— « Quand le bon mareschal veid celle envahie (l'armée du roi de Hongrie), et que ceulx qui les debvoient secourir les avoient délaissé, et que si peu estoient entre tant d'ennemis, adonc cogneut bien que impossible estoit de pouvoir resister contre si grand ost, et qu'il convenoit que le meschef tournast sur eulx. Lors feut comme tout forcené, et dict en lui-mesme que puisque mourir avec les autres luy convenoit, que il vendroit cher à ceste chiennaille sa mort. Si fiert le destrier des esperons, et s'abandonne de toute sa vertu au plus dru de la bataille, et à tout la tranchante espée que il tenoit, fiert à dextre et à senestre si grandes collées que tout abatoit de ce qu'il atteignoit devant soy. Et tant alla, ainsi faisant devant lui, que tous les plus hardis le redouterent et se prirent à destourner de sa voye ; mais pourtant ne laisserent de lui lancer dards et espées ceulx qui approcher ne l'osoient : et luy, comme vigoureux, bien se sa-

voit deffendre. Si vous poignoit ce destrier, qui estoit grand
et fort et qui bien et bel estoit armé, au milieu de la presse, par
tel randon (impétuosité) qu'à son encontre les alloit abatant. Et tant
alla ainsi faisant tousjours avant (qui est une merveilleuse chose
à racompter, et toutesfois elle est vraye, comme tesmoignent
ceulx qui le veirent) qu'il transpercea toutes les batailles des Sar-
rasins, et puis retourna arriere parmy eulx à ses compaignons.
Ha! Dieu, quel chevalier! Dieu luy sauve sa vertu! Dommaige
sera quand vie luy faudra; mais ne sera mie encores, car Dieu le
gardera. »

Ch. **XXVII.** *Comment les nouvelles veindrent en France*
de la dure desconfiture de nos gens.

«Apres ceste mortelle desconfiture, fut la grand pitié des
Chrestiens François et autres qui estoient là allez pour servir le
Comte de Nevers et les autres Seigneurs, Chevaliers et Escuyers,
si comme Chappellains, Clercs, varlets, paiges et aultres gens qui
ne s'armoient mie, et mesmement d'aulcuns Gentilshommes qui
eschapperent à la bataille. Si n'estoit pas petit l'esbahissement
de eulx trouver en tel party sans chef, entre les mains des Sarra-
sins. Si estoient comme brebis esparses, sans Pasteur, entre les
loups. Adonc prist à fuir qui fuir peut hastivement au fleuve du
Danube, à refuge, comme si ce feust lieu de leur sauvement,
comme gent esperduë et que peur de mort chassoit de peril en
aultre. Là, se ficherent és bateaux que ils trouverent qui premier
y put venir; mais tant les chargeoient que à peu n'enfondroient
et que tous ne perissolent ensemble. Les autres, qui advenir n'y
pouvoient, despouilloient leurs draps, et à nager se mettoient.
Mais la plus grande part en perit, pourceque trop est cette riviere
large et courante. Si ne leur pouvoit durer haleine tant que ils
feussent arrivés; et des noyés en y eut sans nombre.

» De ceulx qui eschapperent en revint en France aulcuns Gentilshommes et autres, qui rapporterent les douloureuses nouvelles; et aussi les propres messagers que le Comte de Nevers en-

voya au Duc de Bourgongne son pere, et les aultres Seigneurs aussi
à leurs peres et parens.

» Quand ces nouvelles furent sceües et publiées, nul ne pour-
roit deviser le grand deuil qui feut mené en France, tant du Duc
de Bourgongne, qui de son fils se doubtoit que pour argent ne le
peust r'avoir et que on le feist mourir : comme des autres peres,
meres, parens et parentes des aultres Seigneurs, Chevaliers et
Escuyers, qui morts y estoient. Et commença le deuil, grand par
tout le Royaume de France, de ceulx à qui il touchoit; et mesmement generalement chascun plaignoit la noble Chevalerie, qui
estoit comme la fleur de France, qui perie y estoit. Le duc de
Bourgongne, avec le dueil qu'il menoit pour la doubte de son fils,
moult plaignoit piteusement et regretoit ses bons nourris Gentilshommes, qui morts estoient en la compaignée de son dict fils. Le
Duc de Bar grand deuil demenoit pour ses enfans, et faire le deb-
voit, car oncques puis ne les veid. Les meres en estoient comme
hors du sens; mais aux piteux regrets de leurs femmes nul aultre
ne se compare. La Comtesse de Nevers, la bonne preude femme,
qui de grand amour aime son seigneur, à peu que le cœur ne lui
partoit; mais aulcune esperance pouvoit avoir du retour. N'eut
pas moins de deuil la saige et vaillante Dame la Comtesse d'Eu,
fille du Duc de Berry. Rien ne la pouvoit reconforter ; car quoy
que on luy dist, le cœur luy disoit que plus ne verroit son seigneur, laquelle chose advint, dont de deuil pensa mourir, quand
elle sceut son trespas. La belle et bonne Baronnesse de Coucy
tant plora et plaignit la mort de son bon Seigneur que à peu que
cœur et vie ne lui partoit; ne oncques puis, qui que l'aist requise,
marier ne se voulut, ne celuy deuil de son cœur ne partit. La
fille au Seigneur de Coucy, qui perdu y avoit son pere et son mari
Messire Henri de Bar dont elle avoit deux beaux fils, avoit cause
de deuil avoir, et croy bien que elle n'y faillit mie. Et tant d'autres Dames et Damoiselles du royaume de France, que grand pitié estoit d'oüir leurs plaintes et regrets, lesquels ne sont mie à
plusieurs d'elles, quoy que il y ait ja grand piece, encore finis,

ne à leur vie croy que ils ne finiront : car le cœur qui aime bien
de leger pas n'oublie.

» Si firent tous Nosseigneurs faire le Service solemnelement en
leurs Chappelles pour les bons Seigneurs, Chevaliers et Escuyers,
et tous les Chrestiens, qui là estoient morts. Le Roy en fit faire
le solemnel Service à Nostre-Dame de Paris, où il fut, et tous
Nosseigneurs avec lui. Et estoit grand pitié à oüir les cloches son-
ner de par toutes les Eglises de Paris, où l'on chantoit et fesoit
prieres pour eux, et chascun à larmes et plaintes s'en alloit priant.
Mais peult bien estre que mieux eussions besoing que ils priassent
pour nous, comme ceulx qui sont, si Dieu plaist, Saincts en Pa-
radis. »

(*Histoire de M*^{re} *Jean de Bovcicavt, mareschal de France,* etc.,
escripte du vivant dv dict mareschal. Paris. Abraham Pacard.
1620. 1 vol. in-4.)

François de Neufchâteau, dans un discours qui sert de préface
à une édition des *Lettres Provinciales*, passe en revue,
sous le rapport de la pureté du style, les grands écrivains qui ont
précédé Pascal. Il parle des principaux auteurs français imprimés
au quinzième siècle. C'est dommage que les *Mémoires de Boucicaut*, ne l'ayant été qu'en 1620, il ait négligé d'en parler.

CHAP. V. — *Écrivains nés de 1430 à 1500.*

Fr. Villon (1431) ; Philippe de Comines (1445); Olivier Basselin (né
vers 1450?) ; Jean Marot (1463) ; Oct. de Saint-Gelais (né vers 1466);
Jean Lemaire de Belges (né vers 1473) ; Rabelais (1483) ; Victor Bro-
deau (né vers 1490?); Melin de Saint-Gelais (1491); Marguerite de
Valois (1492); Cl. Marot (1495).

La langue est généralement pure dans les auteurs du quatorzième et du quinzième siècle : ils écrivirent naturellement, popu-

lairement, et c'est même par là qu'ils pèchent ; du reste, le bon usage, dans ces temps, n'est pas encore assez déterminé et fixé, pour qu'on puisse juger rigoureusement les auteurs d'après ce point de vue. Cependant la précision dans l'emploi des termes, qualité distinctive de notre littérature classique, ne leur est pas inconnue. Ils sont trop souvent plats et empétrés, mais ils rencontrent fréquemment en s'exprimant un tour gracieux et hardi. L'inversion, nécessaire à la poésie, est fréquente chez eux. Il y a dans tous les écrits de cette époque une fraîcheur native, et comme un parfum de poésie. Dans Rabelais, qui naquit en 1483, et dont La Fontaine, Molière, Voltaire, Courier, ont tant profité, la prose inversive est arrivée à un aussi haut point de perfection qu'au dix-septième siècle la prose directe dans Descartes, Voiture et Balzac. Quiconque voudra employer fréquemment l'inversion dans sa prose, ne peut choisir un meilleur modèle que Rabelais. Courier l'a fait de nos jours avec un rare bonheur ; mais malheureusement, depuis la fin du seizième siècle, par l'influence de la science et de la philosophie, par le développement de l'esprit géométrique et démonstratif de la nation, la plupart de nos auteurs, rendant la langue de plus en plus régulière, mais roide et plate, ont écrit dans les principes d'une phraséurgie systématique, proscrivant l'inversion, en dépit de tout le quinzième siècle, et souvent au mépris de la concision, de la grace et de l'harmonie.

Clém. Marot est, je crois, le seul poëte antérieur à Ronsard qui ait exercé de l'influence sur notre littérature classique. Il a eu pour disciples, dans la poésie légère : Voiture, La Fontaine, J.-B. Rousseau, Le Brun : dans l'ode religieuse il fut le maître de Conrart, disciple qui surpassa son maître.

Dans son genre, il fut certainement un grand poëte, quoiqu'on trouve fréquemment dans ses poésies de la puérilité, des fadaises, des ordures et du bel esprit. « On remarque chez lui, dit » Laharpe, un tour d'esprit qui lui est propre. La nature lui avait » donné ce qu'on n'acquiert point ; elle l'avait doué de grace. Son

» style a vraiment du charme, et ce charme tient à une naïveté de
» tournure et d'expression qui se joint à la délicatesse des idées et
» des sentiments. Personne n'a mieux connu que lui, même de
» nos jours, le ton qui convient à l'épigramme, soit celle que nous
» appelons ainsi proprement, soit celle qui a pris depuis le nom de
» madrigal, en s'appliquant à l'amour et à la galanterie. Personne
» n'a mieux connu le rhythme du vers à cinq pieds et le vrai ton
» du genre épistolaire, à qui cette espèce de vers sied si bien.
» C'est dans les beaux jours du siècle de Louis XIV, que Boileau
» a dit :

> » Imitons de Marot l'élégant badinage.

» Il fut, sans doute, beaucoup plus élégant que tous ses contem-
» porains ; mais, comme le choix des termes n'est pas ce qui do-
» mine le plus dans son talent, et que son langage était encore peu
» épuré, on aimerait mieux dire, ce me semble :

> » Imitons de Marot le charmant badinage. »

La substitution de La Harpe était bien inutile, car Marot n'est
charmant que là où il est élégant. « Pour peu, ajoute-t-il, qu'on
» soit fait à un certain nombre de mots et de constructions qui
» ont vieilli depuis, on lit encore aujourd'hui avec un très-grand
» plaisir une partie de ses ouvrages ; car il y a un choix à faire, et
» il n'a pas réussi dans tout. Ses psaumes, par exemple, ne sont
» bons qu'à être chantés dans les églises protestantes. » (*Cours de
Littérature*, seconde partie, liv. I, ch. 1.)

Le catholique La Harpe ne blesse pas moins la vérité que les
convenances. Depuis longtems on ne chantait plus dans les églises
protestantes les psaumes de Marot, mais bien sa version remaniée
par Conrart, l'un des fondateurs de l'Académie Française, version
elle-même retouchée par des pasteurs protestants. Cette traduction
des Psaumes, à la vérité, est faible dans le plus grand nombre des
pièces, mais elle est écrite dans l'excellent français du dix-septième
siècle, et souvent pleine de naturel, de grace et d'élévation. Enfin
une bonne partie des psaumes attribués à Marot appartient à

Théod. de Bèze. Mais même dans la vieille traduction de Marot l'on trouve encore des beautés, et sa naïveté ne messied pas toujours au sujet. Je me contenterai d'en citer un exemple :

Psaume VIII.

O nostre Dieu et Seigneur amiable,
Combien ton nom est grand et admirable
Par tout ce val terrestre spacieux,
Qui ta puissance esleve sur les cieux !

En tout se voit ta grand'vertu parfaicte,
Jusqu'en la bouche aux enfants qu'on allaicte ;
Et rens par là confus et abbatu
Ton ennemi qui nie ta vertu

Mais quand je voy et contemple en courage
Les cieux, qui sont de tes doigts haut ouvrage,
Estoiles, Lune et signes différens,
Que tu as faits et assis en leurs rangs :

Adonc je di à part moi (ainsi comme
Tout esbahi) et qu'est-ce que de l'homme ?
D'avoir daigné de luy te souvenir
Et de vouloir en ton soin le tenir !

Tu l'as fait tel que plus il ne luy reste
Fors estre un Ange, en l'ayant quant au reste
Abondamment de gloire environné,
Rempli de biens, et d'honneur couronné.

Regner le fais sur les œuvres tant belles
De tes deux mains, comme seigneur d'icelles.
Tu as de vray, sans quelque exception,
Mis sous ses pieds tout en sujection.

Brebis et bœufs, et leurs peaux et leurs laines,
Tous les troupeaux des hauts monts et des plaines,
En général toutes bestes cherchans
A pasturer et par bois et par champs,

Oiseaux de l'air qui volent et qui chantent,
Poissons de mer, ceux qui nagent et hantent
Par les sentiers de mer grands et petits :
Tu les as tous à l'homme assujettis.

O nostre Dieu et Seigneur amiable,
Comme à bon droict est grand et admirable
L'excellent bruit de ton nom precieux,
Par tout ce val terrestre spacieux !

Voltaire, avant La Harpe, avait déjà critiqué l'expression si juste de Boileau. Rappelant que c'est Montaigne qui, de son tems, a le plus répandu à l'étranger l'estime pour notre littérature, il dit : « Marot, qui avait forgé le langage de Montaigne, n'a presque jamais été connu hors de sa patrie. — Le judicieux Despréaux a dit : « Imitez de Marot l'élégant badinage. » J'ose croire qu'il aurait dit le *naïf* badinage, si ce mot plus vrai n'eût rendu son vers moins coulant. » (*Discours de Voltaire à sa réception à l'Académie Française*, 1746.)

J'oserai répondre à cela : Marot n'a forgé aucun langage; il écrivait savamment la langue de la cour, et c'est ce qui le rend *élégant* pour son tems. C'est Montaigne qui a forgé lui-même son français, si l'on peut s'exprimer ainsi. C'est faire une étrange confusion que de ne pas distinguer le langage de Montaigne de celui de Marot.

Au dix-huitième siècle on nommait style marotique tout ce qui rappelait l'ancien langage, comme anciennement on appela *Goths* tous les peuples du Nord. Voltaire, qui dans sa *Pucelle* sut si heureusement employer les archaïsmes, ne les concevait pas dans des écrits d'un autre genre. Voici comme il s'exprime à cet égard : « Un style qu'on appelle marotique fut quelque temps à la mode. Ce style est la pierre sur laquelle on aiguise aisément le poignard de la médisance. Il n'est pas propre aux sujets sérieux, parce qu'étant privé d'articles, et étant hérissé de vieux mots, il n'a aucune dignité; mais, par ces raisons-là même, il est très-propre aux contes cyniques. » (*Mémoire sur la Satire*, t. 38, p. 37. *Édit. Beuchot.*)

Nos anciennes épopées et quelques poésies de Clotilde de Sur-ville prouvent que le style de la poésie noble comporte parfaite-ment les constructions dites marotiques et l'emploi des vieux mots ; et sans cela, bien des vers de Corneille et de Racine se-raient aujourd'hui du style marotique.

CHAPITRE VI. — *Transition de l'âge ancien à la renaissance. Écrivains nés de* 1500 *à* 1520.

Olivétan (né vers 1500) ; Montluc (né vers 1500) ; Bonaventure Desperier (né vers 1500?) ; G. D'Aurigny (né vers 1500?) ; Calvin (1509) ; Gilles Corrozet (1510) ; Borderie (né vers 1510?) ; Amyot (1513) ; N. P. de de Granvelle (1517) ; Théod. de Bèze (1519) ; les Mémoires de Vieille-Ville ; Maurice Scève (né vers 1520?).

Vers ce tems, certaines règles de grammaire, établies depuis trois siècles, furent définitivement abolies pour faire place à celles qui ont été consacrées par le dix-septième siècle. On commence à voir dans nos auteurs la période à quatre membres jusqu'alors inconnue ; avant le quinzième siècle le style avait été en général coupé et décousu.

L'esprit et les études philosophiques entrent dans la littérature, et l'éloquence prend une physionomie toute nouvelle dans les ou-vrages du réformateur Calvin. Avec lui commence véritablement le style philosophique et régulier qui, perfectionné par Lanoue, Coëffeteau, Balzac, Descartes, Larochefoucault, Pellisson et Pascal, a fini par dominer dans la prose française. Calvin écrivit avec natu-rel, simplicité et noblesse ; la langue, dans ses ouvrages, a conservé un reste de ses anciennes allures, mais elle en prend visiblement de nouvelles. Bossuet estimait l'éloquence de Calvin, et Patru n'a pas hésité à nommer ce théologien l'un des Pères de la langue française.

Amyot nous ramène aux vieilles formes et à l'antique naïveté. Son élocution est abondante, pure et aisée, exempte de système et de néologisme. Montaigne dit de lui : « Je donne avec raison, » ce me semble, la palme à Jacques Amyot sur tous nos écrivains » françois pour la naïveté et pureté du langage. » (*Essais*, liv. II, ch. 4.) Vaugelas ne fesait pas un cas moins grand de la pureté de son style. Pour lui, ce simple traducteur était une autorité. Voici comment il en parle dans la Préface de ses célèbres *Remarques* : « Quelle gloire n'a point encore Amyot depuis tant » d'années, quoy qu'il y ait un si grand changement dans le lan-» gage? Quelle obligation ne luy a point nostre langue, n'y ayant » jamais eu personne qui en ait mieux sceu le genie et le carac-» tere que luy, ny qui ait usé de mots, ni de phrases si naturelle-» ment Françoises, sans aucun meslange des façons de parler des » Provinces, qui corrompent tous les jours la pureté du vray lan-» gage François. Tous ses magasins et ses thrésors sont dans les » Œuvres de ce grand homme, et encore aujourd'huy nous n'a-» vons gueres de façons de parler nobles et magnifiques, qu'il ne » nous ait laissées; et bien que nous ayons retranché la moitié de » ses phrases et de ses mots, nous ne laissons pas de trouver dans » l'autre moitié presque toutes les richesses dont nous nous van-» tons, et dont nous faisons parade. Aussi semble-t-il disputer le » prix de l'éloquence Historique avec son Autheur, et faire dou-» ter à ceux qui savent parfaitement la langue Grecque et la Fran-» çoise, s'il a accreu ou diminué l'honneur de Plutarque en le tra-» duisant. »

D'Olivet semble avoir songé à la pureté du style d'Amyot, lors-que, parlant de la *pureté inaltérable* de Racine, et de *cette fraî-cheur de style toujours la même au bout de tant d'années*, il dit : « Je l'attribue surtout à ce que Racine suivait exactement le conseil » que donnait César, de fuir comme un écueil toute expression » qui ne serait pas marquée au coin de l'usage le plus certain et le » plus connu. Racine, peut-être, n'a pas employé un terme qui » ne soit dans Amyot. » (*Remarques sur Racine*, XIX.) D'A-

guesseau, P.-L. Courier, et probablement aussi Bernardin de
Saint-Pierre avaient fait une étude approfondie du français d'A-
myot. On peut dire de ce traducteur original ce que Voltaire
disait de Fénelon, que son style est flatteur et sa prose admirable,
encor qu'un peu traînante. Du reste, pour les locutions et
les tournures, c'est le guide le plus sûr que l'on puisse choisir au
seizième siècle. Je considère les ouvrages de cet écrivain comme
un champ fertile en beaux archaïsmes. Quelques écrivains du
quinzième siècle, Rabelais, Marot et Amyot seront entre les
mains de vrais artisans du langage des sources éternelles de
jeunesse pour notre langue. La Fontaine, excellent guide, nous
est un exemple de ce qu'on peut tirer de nos vieux auteurs, pour
renouveler la langue et lui rendre de la fraîcheur. Amyot en particulier, plein de justesse et de grace, a une flexibilité de style
qui, depuis cent ans, a presque disparu de notre littérature, et
que par la méditation de ces vieux auteurs on pourrrait peut-être
lui rendre, dans la poésie du moins. De stupides grammairiens
se sont efforcés de l'en bannir. Par leurs prédications et avec l'aide
du tems le charme a opéré, et depuis le milieu du siècle dernier,
notre langue n'a cessé de gagner en roideur. La pureté de la langue est nécessaire, elle est divine. Il fallut la demander à grands
cris après le débordement néologique du seizième siècle; mais elle
n'est pas inhérente à la construction directe, qui s'allie, comme
on l'a trop bien vu depuis cent ans, avec tous les barbarismes.
On ne doit pas taire qu'à la suite de Malherbe et de Vaugelas sont
venus des puristes durs, ignorants et étroits, qui ont chassé une
à une toutes les richesses poétiques et toutes les graces de la
langue.

Le P. Rapin, dans un estimable ouvrage, écrivait en 1691 :

« Un trop grand soin d'être si fort regulier, si exact et si juste
dans le discours, est quelquefois dangereux : il fatigue celuy qui
parle et celuy qui escoute.... — On expose mesme nostre langue, de
la maniere dont on la traite aujourd'huy, à perdre sa force et son
abondance, pour vouloir trop conserver sa douceur et sa delica-

tesse. » (*Réflexions sur l'usage de l'éloquence de ce temps*, p. 48 et 49.)

Fénelon donnait des regrets au vieux langage. Consulté par M. Dacier, secrétaire perpétuel, au nom de l'Académie Française, au sujet de son Dictionnaire, il répondit par une lettre dans laquelle on remarque le passage suivant :

« Notre langue manque d'un grand nombre de mots et de » phrases : il semble même qu'on l'a gênée et appauvrie depuis » environ cent ans en voulant la purifier. Il est vrai qu'elle étoit » encore un peu informe et trop *verbeuse*. Mais le vieux langage » se fait regretter, quand nous le retrouvons dans Marot, dans » Amyot, dans le cardinal d'Ossat, dans les ouvrages les plus en- » joués et dans les plus sérieux : il avoit je ne sais quoi de court, » de naïf, de hardi, de vif et de passionné. On a retranché, si je » ne me trompe, plus de mots qu'on n'en a introduit. » (*Lettre écrite à l'Académie Française*, édition de 1787, in-4°, t. III, p. 317, et 318.)

Mlle Gournay, Ménage, La Bruyère, Bayle, Rollin, Marmontel, François de Neufchâteau, et plusieurs autres hommes instruits et d'un esprit poli, ont fait entendre les mêmes regrets.

D'Olivet, ce traducteur de Cicéron, cet ami de Voltaire, ce critique respectueux de Racine, cet écrivain didactique, cet homme classique, disait : « Nos neveux, s'ils sont sages, ne feront pas » comme nous, qui avons perdu par caprice une infinité d'anciens » mots, pour les remplacer par d'autres moins propres et moins » significatifs. On a voulu épurer notre langue depuis François I. » Peut-être a-t-on fait comme ces médecins qui, à force de sai- » gner et de purger, précipitent leur malade dans un état de foi- » blesse d'où il a bien de la peine à revenir. » (*Remarques sur Racine*, XIII, 1767.)

CHAPITRE **VII**. *Renaissance. Écrivains nés de* 1520
à 1545.

L. Leroy; Ronsard (né en 1524); Joachim du Bellay (né vers 1524);
Louise Labé (1526); Brantôme (né vers 1527); Remy Belleau (1528);
Henry Estienne (1528); Estienne Pasquier (1529); Gui du Faur de
de Pibrac (1529); Jean Bodin (1530); F. de La Noue (1531); Baïf
(1532); Jodelle (1532); Montaigne (1533); Passerat (1534); Vau-
quelin de La Fresnaye (1536); D'Ossat (1536); Scévole de Sainte-
Marthe (1536); ; Pierre Pithou (1539); Serres du Pradel (1539); Nic.
Rapin (né vers 1540); Jean de la Taille (né vers 1540); Amadis Jamyn
(né vers 1540); Charron (1541); Simon Goulard (1543); Salluste du
Bartas (1544).

L'époque dans laquelle nous entrons est celle des emprunts,
de l'imitation et du néologisme. La célèbre Pléiade, dont Ronsard
était le roi, y fait son apparition et la domine. On ne saurait re-
fuser à cette école une grande puissance littéraire, la verve, l'a-
bondance des idées, la richesse des images, enfin une force réno-
vatrice dont avait besoin notre vieille littérature. Joachim du
Bellay, ami et émule de Ronsard, dans son beau discours intitulé *Défense et Illustration de la Langue françoise*, s'éleva énergiquement contre ceux qui rejetaient l'emploi de la langue vulgaire dans la haute littérature. Il demanda que les Français
fissent aussi bien que les anciens, des comédies et des tragédies,
s'employassent à étudier nos vieux poëmes et nos anciennes chroniques, afin de composer des épopées sur d'anciens sujets nationaux, ou d'écrire l'histoire à l'imitation de Tite-Live, de Thucy-
dide et de Salluste. Il fit sentir que pour égaler les anciens, il
faut surtout les étudier, les imiter, non dans des compositions
latines, mais dans la langue française.

Déjà Calvin fesait renaître l'éloquence simple et grave des
anciens. Ronsard, dont la poésie n'est pas sans quelque rapport
avec celle des *Méditations*, créait l'ode pastorale ou champêtre,
et fesait prendre à l'élégie un essor plus élevé.

Que l'on compare la pièce suivante aux vers de Marot, et l'on verra quel pas immense Ronsard fit faire à la langue; mais quand il *pindarise*, il traîne le lecteur sur des rocs et des épines.

Marie au Tombeau.

Comme on void sur la branche au mois de May la rose,
En sa belle jeunesse, en sa premiere fleur,
Rendre le Ciel jaloux de sa vive couleur,
Quand l'Aube de ses pleurs au point du jour l'arrose :

La Grace dans sa feuille et l'Amour se repose,
Embasmant les jardins et les arbres d'odeur;
Mais, battue ou de pluie ou d'excessive ardeur,
Languissante elle meurt, feuille à feuille déclose.

Ainsi en ta première et jeune nouveauté,
Quand la terre et le Ciel honoroient ta beauté,
La Parque t'a tuée, et cendre tu reposes :
Pour obsèques reçoy mes larmes et mes pleurs,
Ce vase plein de laict, ce pannier plein de fleurs,
Afin que vif et mort ton corps ne soit que roses (1).

Comme cela est pittoresque et gracieux! quelle manière large! quelle souplesse dans le vers ! Si jamais sonnet valut un poème, n'est-ce pas celui-ci? et il y en a vingt comme cela dans Ronsard.

A cette même époque, féconde en poëtes, en théologiens, en jurisconsultes, où de nouvelles idées et de nouvelles passions agitent l'Europe, Montaigne, plein des moralistes anciens, et jetant dans le style une énergie familière et de vives images, apprit aux Français à douter et à observer, et fut un des pères de la langue. Pour un homme de tact, il y aurait au moins autant à puiser pour l'éloquence et pour la richesse de la langue dans Montaigne que dans Amyot et Rabelais. Ses *Essais* n'ont pas été

(1) V. *OEuvres choisies de Pierre de Ronsard*, par C. A. Sainte-Beuve. Paris, 1828, in-8°, p. 60.

inutiles, non-seulement pour les idées, mais pour l'art d'écrire, à Descartes, à Balzac, à Pascal, à La Bruyère et à J.-J. Rousseau.

Vers ce tems on commence à faire des remarques sur les locutions françaises : Henri Estienne, né à Paris en 1528, publie un traité des *Conformités du François et du Grec*, et la *Précellence du François sur l'Italien;* Rabelais avait déjà critiqué le néologisme outré dans un chapitre de son roman satirique.

Marot et Ronsard recommandent l'emploi de la construction directe, l'un des caractères de notre langue; Joachim Du Bellay présente la cour comme la *seule eschole où on apprend à bien et proprement parler.*

L'an 1539, François I⁰ʳ consacre par une ordonnance l'usage de la langue française dans les tribunaux, et l'impose dans l'enseignement aux professeurs du Collége de France.

Le XVIᵉ siècle fut réellement l'époque décisive pour la maturité et la suprématie du français de Paris. Tout lui fit place : la langue d'oc, déjà oubliée, les dialectes du langage d'oïl, et le latin des savants et des gens de loi.

Mais cette époque si féconde pour la littérature, et qui prépara la philosophie moderne, est, il faut le dire, chez presque tous les poëtes et dans plusieurs prosateurs, dangereuse pour l'étude de la langue; il faut avoir un goût sûr pour y puiser, mais alors les richesses sont abondantes. Les styles sont souvent mélangés ; ces auteurs sont communs et apprêtés, mignards et pédantesques. Ils se lisent avec moins d'agrément que leurs prédécesseurs, parce que leur style sent la traduction et l'imitation. Par eux les traditions du langage furent interrompues. Une néologie baroque et inutile fut mise dans la poésie. Ronsard lui-même, ce poëte si inspiré et si gracieux, forgea des mots. Remy Belleau est plein d'une afféterie détestable. Il faut en général se défier de la *Pléiade*, de plusieurs prosateurs, entre autres de Le Roy, dit *Regius*, si périodique et si nombreux. Montaigne eut au plus haut degré la richesse des idées et des images, la science de la phrase ; mais ses métaphores, que François de Neufchâteau a trop admirées, sont souvent sans noblesse et même incohérentes, et les termes qu'il emploie ne sont pas toujours pris dans le bon usage. Il avait plus de force d'éloquence et de vivacité d'esprit que de justesse et de goût dans les détails du style ; il force le sens des mots ; on sent qu'il avait appris le français plus par la lecture que dans les sociétés de Paris.

Cependant cette génération fournit encore quelques écrivains chez qui la langue est saine et pure ; tels sont La Noue, Passerat et d'Ossat. Mais en général si cette époque est classique pour les études, il s'en faut de beaucoup qu'elle le soit pour la langue. Elle vit, à la vérité, s'élever l'éloquence philosophique et l'élo-quence religieuse ; la langue gagna de la symétrie et de nouveaux mots, mais elle perdit de sa vivacité, de sa hardiesse et de sa grace. Heureusement quelques hommes du dix-septième siècle ont rattaché leur langue à celle du quinzième.

Salluste Du Bartas fut le dernier et le plus enflé des poëtes de la nouvelle école. Quoiqu'il ait des parties du poëte, son nom doit rester comme celui d'un écrivain dépourvu de tout naturel. Sa principale qualité est l'abondance périodique. Il vise au bril-lant, au magnifique, mais n'atteint que l'extraordinaire et le phébus. Qui lirait quelques pages d'Amyot, puis de Du Bartas, ne pourrait croire que ces deux hommes fussent de même pays et de même siècle ; c'est que proprement ils n'en sont pas ; l'un est de l'Ile-de-France, et l'autre des bords de la Garonne ; de plus il y a eu entre eux l'école que nous nommons *de la renais-sance*. Son origine gasconne se trahit à une certaine allure étran-gère dans le style, à un fort goût de terroir qui n'est pas celui d'Ile-de-France ou de Bourgogne. Le vers de Boileau est bien vrai :

> Tout a l'humeur gasconne en un auteur gascon.
>
> *Art poétique.*

CHAPITRE VIII. — *Transition de la renaissance à l'âge classique.*
Écrivains nés de 1545 à 1580.

Desportes (1546); Mornay (1549); D'Aubigné (1550); Charles IX (1550);
Jean Savaron (1550); Gilles Durant (1550); Marguerite de France
(1552); Bertaud (1552); Henri IV (1553); Malherbe (né vers 1555);
Anne d'Urfé (1555); J.-D. Duperron (1556); Guill. Duvair (1556);
Sully (1560); Pierre-Matthieu (1563); Mademoiselle Gournay (1566);
Saint François de Sales (1567); Honoré d'Urfé (1567); Guill. Crestin
(né vers 1570?); Hardy (né vers 1570?); Regnier (1573); Coëffeteau
(1574); Chassignet (1578); Henri de Rohan (1579); Jean de Lingendes, poète (1580).

Les auteurs de cette génération commencent à se distinguer
par une certaine sagesse de style qui ne fit que s'accroître chez
leurs successeurs. L'époque est fertile en écrivains distingués; ce
sont les protestants Mornay et d'Aubigné, Rapin et Régnier, disciples d'Horace; Marguerite de France, Desportes, Bertaud,
Coëffeteau, le célèbre Malherbe, élève et censeur de Ronsard,
et le biblique Chassignet.

Les poëtes de la Pléiade n'étaient pas seulement disciples des
Grecs et des Latins, ils imitèrent beaucoup les Italiens; c'est aussi
par là qu'avait débuté Malherbe, mais il laissa bientôt Tansillo
pour s'attacher exclusivement à Horace et à la Bible. De nos
jours, on a beaucoup contesté le mérite de Malherbe. Je ne veux
point ici discuter la valeur de ses poésies; je ne défendrai pas sa
tendance oratoire, dont il faut se défier; La Fontaine avoua qu'il
avait failli se gâter par son imitation; mais je dirai qu'on trouve
encore dans ses odes une naïveté, un *tour heureux*, comme disait
Boileau, dont ses disciples se sont trop écartés. Jamais Rousseau
n'a pu dire avec cette molle aisance, avec cette grace familière
et noble:

> Mais elle était du monde, où les plus belles choses
> Ont le pire destin;
> Et, rose, elle a vécu ce que vivent les roses,
> L'espace d'un matin.
>
> (*Consolation à M. Du Perrier* (1599).)

Malherbe, dont le goût littéraire n'est pas sûr et constant, et que je suis loin de regarder comme un modèle en poésie, mais qui était doué d'un sens grammatical excellent, possédait le style, connaissait le tour et l'élégance poétiques. Il a fait entrer dans l'ode héroïque la noblesse et la majesté.

CHAPITRE IX. — *Age classique : Jeunesse. Écrivains nés de 1580 à 1613.*

Maynard (1582); Vaugelas (1585); Racan (1589); Herberay des Essarts (né vers 1590?); Jean de Lingendes, évêque (1590); Théophile Viaud (1590); Claude de Lingendes (1591); Brebeuf (1593); Balzac (1594); Descartes (1596); Malleville (1597); Voiture (1598); Guill. Colletet (1598); Gombauld (né vers 1600?); Adam Billaut (né vers 1600?); Gomberville (1600); G. de Scudery (1601); Lemoyne (1602); La Rochefoucauld (1603); Conrart (1603); Sarrasin (né vers 1603); Patru (1604); Mairet (1604); D'Ablancourt (1606); P. Corneille (1606); Mademoiselle de Scudery (1607); Mézerai (1610); Scarron (1610); Benserade (1610); Saint-Pavin)né vers 1610?); La Calprenède (né vers 1610?) A. Arnauld (1612); Saint-Évremond (1613); Charleval (1613).

Après Rabelais et Marot, la littérature se trouvait dans un état analogue à celui où on la vit après Voltaire. Elle avait tourné longtems sur elle-même et s'était affadie. Le vieil esprit français était épuisé; l'esprit chevaleresque avait même disparu ; il fallait du nouveau. La poésie épique n'était plus comprise, et les jolis riens, dont notre littérature a toujours été encombrée, demandaient, pour plaire au public ennuyé, à être produits dans un goût nouveau. L'érudition et les événements de ce siècle fécond en bouleversements, se chargèrent de ces soins; avec les mœurs et les idées changea la littérature. De la renaissance classique et religieuse sortit une nouvelle poésie. Désormais nous avons, non pas des épopées, malheureusement on oublia le conseil de Du

Bellay, mais des odes, des discours, des tragédies, des comédies et des chansons nouvelles. Voilà pour le fond; mais la langue où en est-elle?

Vers l'an 1600, la langue française fixa son unité et prit une forme constante. Dès lors il n'y a plus dans les mots qu'une légère fluctuation, qui, à ce faible degré, est seulement un signe que la langue vit, et ne nuit en rien à sa conservation. Nous assistons à son épuration définitive, et elle se voit en cet état dans les ouvrages de Corneille et de ses contemporains. Elle a gagné à peu près toute sa douceur, sa netteté et sa régularité.

Vers ce tems, les hommes d'un goût fin et d'un esprit judicieux dans la matière grammaticale sentirent que la maturité de la langue arrivait, et qu'il importait de déterminer ce que c'est que l'usage, et où se trouvait le bon usage de la langue française. Malherbe après Henri Estienne, et ensuite Vaugelas, furent ces utiles critiques.

La langue avait à la fois besoin d'être *réparée* et *fixée*, car les érudits, secondés par les courtisans italiens et gascons, l'avaient gâtée. Il se fit bientôt une réaction générale contre eux et contre l'école de Ronsard. Plus énergiquement que tous les poëtes ses contemporains, Malherbe, par ses écrits et par ses remontrances, protesta contre la corruption de la langue. Il se constitua le chef de la réaction parisienne et populaire contre la langue adultérée et pédante alors à la mode dans le monde cultivé. Il fit comprendre que la langue française n'est autre que la langue du peuple de Paris. « J'apprends, disait-il, tout mon français à la place Maubert. » Ainsi, renvoyant à la frontière les termes translatés mal à propos du grec et du latin, les mots forgés et les provincialismes, il rendit à notre littérature un service signalé.

Vaugelas vint ensuite, qui, trouvant la cour délivrée des Gascons, et le français de Paris reconnu comme seul légitime dans la littérature et les lois, nous apprit à distinguer le *bel usage* et l'*usage commun*. Il fit très-bien sentir qu'à Paris même il y avait une populace parlant un français détestable; que ceux qui vou-

laient employer purement la langue devaient se régler sur le langage des honnêtes gens, des gens de cour et de condition, et
seulement encore sur le langage de la plus saine partie de la cour
et des auteurs.

L'Académie française, fondée pour le perfectionnement de la
langue, en entreprit le Dictionnaire, et déclara dans la préface de
la première édition que la langue française avait atteint sa perfection. Voici comment elle l'explique :

« On dira peut-estre qu'on ne peut jamais s'asseurer qu'une
Langue vivante soit parvenuë à sa dernière perfection ; mais ce n'a
pas esté le sentiment de Cicéron, qui après avoir fait de longues
reflexions sur cette matière, n'a pas fait difficulté d'avancer que
de son temps la Langue Latine estoit arrivée à un degré d'excellence où l'on ne pouvoit rien adjouster. Nous voyons qu'il ne s'est
pas trompé, et peut-estre n'aura-t-on pas moins de raison de
penser la mesme chose en faveur de la Langue Françoise, si l'on
veut bien considerer la Gravité et la Variété de ses Nombres, la
juste cadence de ses Périodes, la douceur de sa Poësie, la regula-
rité de ses vers, l'harmonie de ses Rimes, et surtout cette Construction directe, que sans s'esloigner de l'ordre naturel des pensées, ne laisse pas de rencontrer toutes les delicatesses que l'art
est capable d'y apporter. C'est dans cet estat où la Langue Françoise se trouve aujourd'huy qu'a esté composé ce Dictionnaire. »
(*Dictionnaire de l'Académie*, 1ʳᵉ *édition in-f°.*, t. I.)

Parmi les écrivains de cette génération, La Rochefoucauld a
un style si juste et si court, si régulier, si dégagé, qu'on le croi-
rait contemporain de Voltaire ; cela vient sans doute de ce qu'il
vécut à la cour et écrivit tard ; mais il est quelquefois trop simple et trop nu. Balzac n'est pas un prosateur du premier ordre,
mais il est plein d'art, et cherche la noblesse et l'atticisme. Racan
et Benserade ont beaucoup de détails de style charmants. Voiture
ne fut pas toujours naturel, mais c'était un homme d'un goût
grammatical très-délicat, bel esprit, à la vérité, par conséquent
souvent fade et recherché, mais spirituel, d'une imagination vive

et gracieuse, et ayant parfaitement tourné un certain nombre
de lettres et de pièces de vers. Il a été estimé de La Fontaine,
de Boileau, de La Bruyère, et de Voltaire, dont parfois il a déjà
le tour galant et flatteur.

Descartes, Voiture, Corneille et La Rochefoucauld sont les
plus grands écrivains de l'époque. Voiture a rattaché la langue
de son tems à celle de Marot, et renouvelé le style badin. Pour
Corneille, esprit énergique, grave et sublime, il créa le style de
la tragédie, et, à part quelques tirades alambiquées, demeure
chez nous comme un des modèles de la haute éloquence; il a des
traits sublimes que rien n'égale, et rencontre parfois, en de-
meurant français, la concision et la force du latin. Son éloquence
a exercé l'influence la plus grande sur notre littérature. « Il y a
»grande apparence, dit Voltaire, que sans Pierre Corneille, le
»génie des prosateurs ne se serait pas développé. » (*Siècle de
Louis XIV*, chap. 32, t. II, p. 315, édit. Beuchot.) Corneille,
quelquefois embarrassé, a des scènes entières d'une haute élégance. Voltaire, dans ses *Commentaires sur Corneille*, a condamné des expressions qui sont excellentes. L'auteur de *la Henriade* et de *Mahomet* ne concevait pas, ne comprenait pas le
naïf et le familier dans la haute poésie.

CHAPITRE X. — *Age classique.* — *Virilité.* — *Écrivains nés
de 1613-1655.*

Le Maistre de Sacy (1613); Retz (1614); La Sablière (1615); Bussy-Ra-
butin (1618); Tallemant-des-Réaux (né vers 1519); La Fontaine
(1621); René Rapin (1621); Molière (1622); Pascal (1623); Pellisson (1624); Segrais (1624); P. Nicole (1625); Chapelle (1626);
madame de Sévigné (1627); Bossuet (1627); Bouhours (1628); Re-
gnier-Desmarets (1632); Bourdaloue (1632); Fléchier (1632); madame La Fayette (1632); madame Deshoulières (1634); madame de
Maintenon (1635), Boileau-Despréaux (1636); Quinault (1636);
Boursault (1638); Mallebranche (1638); Racine (1639); Chaulieu

(1639); Saint-Réal (1639); Cl. Fleury (1640); Sénecé (1643); La Bruyère
(1644); Hamilton (1646); Regnard (1647); Bayle (1647); Dufresny
(1648); Fénelon (1651); A. de Lafosse (né vers 1653); L. de Sacy (1654);
Vergier (1655); Vertot (1655).

La principale occupation des écrivains nés de 1585 à 1615 fut
de donner à la langue l'unité et la précision, une précision qui fût
de tous les styles, et ne se démentît jamais. Corneille seul semble
ne s'en être pas préoccupé, témoin beaucoup de passages de ses
tragédies, entre autres les dix premiers vers d'*Horace*. Les
prosateurs surtout, cherchant la précision, s'attachèrent à
rendre de plus en plus notre langue explicative. Cette double et précieuse qualité, qui ne cessa de s'accroître jusqu'au
milieu du dix-huitième siècle, a fait de la langue française classique un des plus précieux instruments de la pensée humaine.
Cette prose si régulière, si précise, n'est pas toujours complai-
sante à l'esprit, mais elle l'oblige par cela même à un utile travail.
Dans le style philosophique et positif, il n'y a chez nous qu'une
manière d'exprimer sa pensée qui soit bonne, notre langue la
fournit, quelque métaphysique que soit l'idée, mais il faut la chercher. La Bruyère, qui avait tant étudié les ressources de la langue, arriva à cette observation, seulement il eut tort de l'étendre
à toutes les langues : « Entre toutes les expressions qui peuvent
» rendre une seule de nos pensées, il n'y en a qu'une qui soit la
» bonne : on ne la rencontre pas toujours en parlant ou en écri-
» vant. *Il est vrai néanmoins qu'elle existe,* que tout ce qui ne
» l'est point est foible, et ne satisfait point un homme d'esprit qui
» veut se faire entendre. » (*Les Caractères,* chap. 1.)

Lorsqu'un écrivain français ne s'exprime pas clairement, surtout s'il écrit en prose, où rien ne gêne la phrase, il est bien à
croire que sa pensée n'a pas été nette, mais qu'il a eu seulement
une demi-idée, une lueur. Ainsi le grand avantage de la langue
française, avantage précieux, inestimable, c'est qu'elle contraint
à penser avec netteté; elle force à l'analyse : il est comme impossible d'exprimer sa pensée en français si l'on ne s'est pas bien

3

rendu compte de ce qu'on veut dire. C'est une pierre de touche pour la justesse des idées. « La correction, dit Andrieux, a en français un avantage particulier : c'est qu'elle amène en partie la justesse des pensées, la conséquence et la solidité des raisonnements. Notre langue, en général, a une marche si méthodique et si régulière, la construction y est presque toujours si conforme aux règles de la saine logique, que si l'on peut y mal raisonner en écrivant correctement, au moins ne peut-on guère y faire de faute de construction qui ne soit en même temps une faute de raisonnement ; ainsi, en étudiant sa langue, en la cultivant, un français cultive son jugement et le perfectionne ; et réciproquement un jugement sain et exercé le conduit à éviter les fautes contre la langue. » (*Journal de l'École Polytechnique*, t. IV, p. 112 et 113.)

Mais aussi nous devons remarquer que cette langue manque d'abondance et de souplesse. De grands auteurs s'y sont trouvés gênés, Montaigne, Molière, Boileau, Paul-Louis Courier ; les trois derniers s'en sont tirés à force de travail, et les deux premiers en forçant parfois la langue. Le premier besoin dans l'expression était pour eux l'énergie et la vivacité, et il paraît que notre langue se refuse à concilier toujours ces deux qualités. Il eût fallu à ces auteurs l'art merveilleux de La Fontaine et de Racine ; mais de tels artisans sont aussi rares que les grands penseurs. Ceux-ci furent à la fois de grands artistes et des hommes d'une rare intelligence : La Fontaine était un profond penseur, et Racine un grand logicien.

Peut-être la gêne dont nous venons de parler tient-elle en partie à ce que la néologie du seizième siècle fut souvent maladroite et dédaigna trop le passé ; l'érudition fit une brusque invasion dans la littérature ; les pensées vinrent plus vite que les ressources du langage, et firent négliger la recherche des anciennes locutions : dans le milieu de ce siècle, on aima trop le néologisme et trop peu les archaïsmes. Il nous a manqué un Dante, qui, venant au moment du débrouillement de la langue, assemblât

dans son style la richesse des locutions et des tournures de l'âge
poétique, et les qualités de la littérature classique. Le poëme héroïque veut un style fort, hardi, souple et varié, majestueux et
naïf à la fois. Ce livre, comme Homère chez les Grecs, comme
Dante chez les Italiens, comme la Bible en Allemagne, fût devenu
pour nous la source première et inépuisable de la haute poésie.
Nous avons eu plus tard le *Télémaque* et *la Henriade*, mais
malheureusement ces ouvrages furent composés à la fin et non au
commencement de l'âge classique, non dans le peuple et pour le
peuple, mais par des hommes de cour et pour la cour. Aussi
cela est-il bien poli et bien académique.

Si nos poëtes ont produit tant d'œuvres épiques avortées, ils
ont mieux réussi dans le genre galant et gracieux, dans lequel
peut-être nous avons surpassé les autres peuples. Quel sentiment
délicat, quel charmant langage dans les vers suivants de La Sablière :

> « Je ne sais pas, Iris, à quoi mon cœur s'attend ;
>   Je ne sais pas ce qu'il doit craindre ;
>   Mais je suis triste et mécontent
>   Sans avoir sujet de me plaindre.
> Avec mille bontés vous me souffrez chez vous ;
>   D'un visage obligeant et doux
> Vous recevez mes vœux, mes soins et mes hommages :
>   De quoi suis-je donc affligé ?
> Ai-je vu dans vos yeux de sinistres présages ?
>   Enfin dites-moi ce que j'ai ?
>   *Madrigaux*, l. II, 19.

Je n'entreprendrai pas d'apprécier chacun des auteurs de cette
riche et brillante période ; tant d'habiles critiques ont passé par
ce champ et y ont fait moisson, qu'il n'y a plus rien à glaner.
Les auteurs de ce tems sont nos écrivains classiques ; c'est toujours chez eux qu'il faudra étudier les lois de la langue française,
et plus on s'exprimera d'après les règles secrètes qui ont présidé
à leur style, plus on écrira purement. Sans doute ils ne
sont pas infaillibles ; Molière et surtout Bayle ne sont pas tou-

jours corrects ; tous les mots qu'emploie Sénecé ne sont pas
de formation légitime ; peut-être y a-t-il aussi dans les autres, çà
et là, quelques expressions, quelques tournures qui ne sont
pas des meilleures ; mais toujours est-il qu'on ne peut les condamner que d'après les règles que ces écrivains eux-mêmes
nous donnent occasion d'établir. Dans l'art du langage, qui est à la
fois de création et d'arrangement, le goût précéda toujours la
raison, et la primera sans cesse, ou malheur à l'art de la parole !
Racine et surtout La Fontaine, par leur admirable travail sur la
langue, se sont élevés au-dessus de tous leurs contemporains :
l'un nous présentant l'idéal de l'élégance dans le style noble ;
l'autre, dans sa richesse de mots, d'images et de tournures, nous
montrant comment on peut atteindre avec les locutions du style
le plus familier, à un style quelquefois noble et de la plus vaste
richesse poétique.

Cette époque fut celle où la langue, déjà très-précise, avait
retenu cependant cette proportion de morbidesse et d'élégance
poétique qui ajoute une grace et un charme particulier au style
ferme et précis de l'orateur. On s'en aperçoit par la latitude qu'on
avait encore dans l'emploi de beaucoup de mots, dont l'usage
restreignit depuis et fixa de plus en plus les applications (1).

C'est vers ce tems que notre langue a le plus donné à nos
auteurs les qualités du style grec, lequel, même dans la prose,
conserve une fleur poétique, qui manqua toujours aux prosateurs latins, presque tous moins curieux de la grace qu'appliqués
à être forts, majestueux et précis. Toutefois sous ce rapport ils
n'ont pas surpassé les Grecs, dont le génie, plus riche que l'esprit
latin, mais aussi ferme, conserva toujours, et mit à tout ce qu'il
fit, dans la mesure donnée par le goût, un divin parfum de
poésie. Pourquoi nous sommes-nous toujours si peu inspirés de

---

(1). Telles sont les prépositions à et de, plus fréquemment employées
que de nos jours et qu'au dix-huitième siècle ; et les mots *expliquer,
dresser, adresser, ôter, ferme, soin, courage, génie, amitié, état*, etc.

nos vieux auteurs et des écrivains grecs? Il y a dans la littérature grecque une mesure pour le goût, des sources abondantes, sapides et pures, propres au plus haut degré à le réveiller et à le raffer- mir, à retremper notre esprit, et à redonner de la vie à notre idiôme corrompu et desséché.

C'est en méditant ces divins modèles, c'est en reprenant leur style simple et orné, naturel et sévère, que nous parviendrons à reconquérir quelques-unes des qualités de cette période si riche de pensée et de poésie, si belle, si féconde, qui produisit La Fontaine, Molière, Pascal, Sévigné, Bossuet, Malebranche, Boileau, Racine, La Bruyère, Regnard, Fénelon. Que de justesse d'esprit, que de brillant, que de force et de grace! Où ont-ils pris leur langue, et qu'est-elle devenue!...

CHAPITRE XI. — *Age classique. Maturité.*
Écrivains nés de 1655 *à* 1710.

Fontenelle (1657); Rollin (1661); Massillon (1663); Jacques Saurin (1667); Lesage (1668); d'Aguesseau (1668); J.-B. Rousseau (1670); Du Cerceau (1670); La Motte (1672); Le Grand (1673); Crébillon (1674); Saint-Simon (1675); Mesenguy (1677); de Mairan (1678); Destouches (1680); Madame de Tencin (1681); D'Olivet (1682).

Moncrif (1687); Marivaux (1688); Piron (1689); Montesquieu (1689); La Chaussée (1692); L. Racine (1692); Madame de Staal (1693); Madame de Grafigny (1694); Voltaire (1694); Panard (1694); Prevost (1697); Maupertuis (1698); Duclos (1704); Buffon (1707); Mably (1709); Gresset (1709); Collé (1709); Lefranc de Pompignan (1709); Favart (1710); P.-J. Bernard (Gentil) (1710).

La langue française achève de se développer. Elle atteint dans Voltaire un degré de clarté, de précision, de convenance et de dégagé, qui a placé cet écrivain au-dessus de tous nos prosateurs; et comme Cicéron fut l'orateur romain, Voltaire fut l'orateur pa- risien. Dans son genre d'éloquence, qui était le genre simple, il a su prendre tous les tons avec une égale perfection de style, et il demeure pour nous le modèle de l'orateur familier. Pour le mouvement du style, pour la propriété et la convenance des termes, il est aux Français ce que fut Cicéron chez les Latins, c'est lui qui a le mieux connu notre langue, je ne dirai pas en profondeur, mais en étendue; et quiconque voudra devenir prosateur français doit prendre Voltaire pour lecture journalière. Dans ses belles tragédies et dans *la Henriade*, il peut former à la haute éloquence, non moins que Racine et Corneille; et c'est là peut-être le plus grand avantage littéraire de nos tragédies classiques. Mais la phrase de Voltaire ne comportait pas le rithme; sous ce rapport il doit être complété par Bossuet, qui, dans sa simplicité, est le plus savant et le plus cadencé de nos prosateurs.

Mais Bossuet, par son caractère plein d'ardeur et d'énergie, a gardé quelquefois dans ses mouvements oratoires un reste de brusquerie, dont Massillon fut toujours exempt. Les qualités de ces trois hommes, réunies sur une seule tête, nous montreraient le parfait orateur, dont Racine est peut-être le modèle humain, Racine, né pour le plaisir de l'oreille et de l'esprit, Racine qui excella dans le discours, le dialogue et la narration, dans le comique et le tragique, dans le poëme dramatique, l'hymne et l'épigramme. C'est ce poëte heureux que demandait Boileau, qui, fort, noble et aisé, pût

> D'une voix légère
> Passer du grave au doux, du plaisant au sévère.
> (*Art poét.*, c. 1, v. 75, 76.)

Aussi est-il aimé du ciel et chéri des lecteurs dont le goût est élevé et délicat.

Il est à remarquer, dans cette période, que les protestants, qui étaient les prosateurs les plus purs du seizième siècle, sont devenus incorrects. Mais si Bayle et Jacques Saurin ne se sont point placés au rang de nos premiers écrivains du dix-septième siècle, où leur génie les appelait, c'est sans doute parce qu'ils n'habitaient point Paris, mais vivaient dans l'exil, au milieu des étrangers. Ils eurent ce qu'on appela le style *réfugié*.

L'ode a perdu la molle aisance et la grace que lui avaient conservées Malherbe et Conrard. J.-B. Rousseau, célèbre par quelques belles odes et par des épigrammes mordantes, est quelquefois incorrect, souvent dur, presque toujours tendu. Il prend le mouvement oratoire pour la chaleur poétique, et met dans l'ode la contexture de phrase du style didactique.

Les mauvais auteurs contemporains de Racine ne sont que plats et négligés; ils sont en retard et non en décadence; mais J.-B. Rousseau était un esprit faux, qui finit par devenir un écrivain alambiqué et barbare. La Motte, beaucoup plus prosaïque que lui, est le plus dur des versificateurs. Crébillon est incorrect, enflé et bel esprit.

Le style de l'époque classique est parvenu à son dernier degré de perfection, et déjà se montrent dans la littérature des symptômes de décadence. Voltaire dans la tragédie, Rousseau dans l'ode, Buffon dans la prose ont tendu la langue autant qu'elle peut l'être; le scepticisme et le bel esprit s'infiltrant dans la littérature y deviennent des germes de mort pour la poésie. M. Villemain a dit avec sa justesse et son charme habituels, en parlant de Fontenelle : « Il n'a pas renoncé à toutes les affectations du bel esprit. Tantôt il les cherche dans le contraste d'un terme familier avec une idée savante, d'une expression galante et mondaine avec de sérieuses études. Tantôt il rend avec subtilité une pensée commune, ou fait une plaisanterie fade et contournée. Quelquefois même il est obscur à force de finesse. Il a ce caractère particulier, remarqué dans d'autres littératures, d'avoir gâté la diction avant la langue, et de composer souvent des phrases recherchées avec des expressions très-pures et des tours indigènes.

» Sous ce rapport, il marque la même décadence que Pline ou Sénèque. Mais en même temps, et cette différence est due tout à la fois à l'influence des sciences et à la supériorité de sa raison, il a souvent une belle et heureuse netteté que l'esprit orne avec discrétion, et ne surcharge pas. Il est même quelquefois simple, oui, simple, quoique Fontenelle. » (*Tableau du* XVIIIe *siècle*, 1re *partie*, 13e *leçon*.)

CHAPITRE XII. — *Écrivains nés de* 1710 *à* 1759.
Age classique. Décadence. Réaction.

J.-J. Rousseau (1712); Raynal (1713); Diderot (1713); Madame Riccoboni
(1714); Condillac (1715); Vauvenargues (1715); Barthélemy (1716);
Saint-Lambert (1716); Fréron (1719); Marmontel (1719); Sedaine
(1719); Ch. Bonnet (1720); Desmahis (1722); Le Brun (1729); Palissot
(1730); Legouvé (1730); Beaumarchais (1732); Thomas (1732); Colar-
deau (1732); Malfilâtre (1733); Ducis (1733); Dorat (1734); Rulhière
(1735).

Bailly (1736); Bernardin de Saint-Pierre (1737); Delille (1738); La Harpe
(1739); Chamfort (1741); Condorcet (1743); Léonard (1744); Roucher
(1745); Madame de Genlis (1746); Maury (1746); Mirabeau (1749);
Berquin (1750); Gilbert (1751); Bertin (1752); L.-Ph. Ségur (1753);
Pigault-Lebrun (1753); J. de Maistre (1753); Parny (1753); Destut de
Tracy (1754); Florian (1755); Volney (1755); Louis XVIII (1755);
Piis (1755); Collin-Harleville (1755); Madame Roland (1756); Laromi-
guière (1756); Rivarol (1757); La Fayette (1757); Vergniaux (1759).

Tout se tient dans la littérature, tout a ses conséquences. Le
tems de Bossuet et de Bourdaloue semblait bien éloigné d'une
époque où règnerait un esprit anti-catholique; cependant si l'on y
regarde de bien près, on verra qu'elle produisit *les Contes* de
La Fontaine, *le Lutrin* de Boileau, l'épicurien Chaulieu, et
enfin le sceptique Bayle. Voilà qui préludait bien aux épigrammes
de J.-B. Rousseau contre les moines, aux *Lettres Persanes*, à
l'Esprit des Lois et aux diatribes de Voltaire. En même tems
Basnage, Beausobre, Jacques Saurin combattaient l'église romaine.
Mais à Voltaire surtout est due la ruine du christianisme positif en
France; il fut le fléau des chrétiens. J.-J. Rousseau, le vrai fon-
dateur du rationalisme moderne, acheva, par sa dialectique puis-
sante, l'œuvre de destruction, et sapa les fondements de la monarchie. Enfin parurent Mirabeau et Robespierre : l'œuvre est
achevée, la ruine accomplie; et cette immense et prodigieuse révolution a eu pour point de départ les épigrammes lancées par les
troubadours et les trouvères contre les moines et les hommes de
loi du moyen-âge.

Voilà quels furent la nature et le succès de la philosophie fran-

çaise, qui a été presque toute critique. Voyons quelle fut la marche du goût. Comme Fénelon l'a fort bien remarqué, la vraie
supériorité des anciens sur les modernes consiste en ce qu'ils ont
été exemts du *bel-esprit*. Ce n'est pas que tous les auteurs latins
en soient purs, mais ce sont des écrivains des derniers tems.
Malheureusement ils furent avec les Arabes, beaux-esprits par
excellence, les maîtres des poëtes provençaux; les Provençaux
furent à leur tour les premiers modèles des poëtes italiens. Au
treizième siècle les trouvères aussi commencèrent à donner dans
le bel-esprit; au seizième siècle et au commencement du dix-
septième les pointes nous revinrent en foule et d'Espagne, et
d'Italie. Au dix-septième siècle le bel esprit succomba sous les
coups de Molière et de Boileau; et néanmoins plusieurs de nos
plus excellents écrivains de la seconde moitié du dix-septième siècle, qui fut chez nous la période de l'art et du bon sens, se sont
ressentis de son règne. Il avait abondé dans Marot; Malherbe y avait
sacrifié; il déborde dans Voiture et dans Fontenelle; Corneille et
même La Fontaine, Racine, La Bruyère n'en furent pas complétement exemts. Balzac, Fléchier, D'Aguesseau, Montesquieu et
Buffon, hommes graves, sont des beaux-esprits; ils veulent briller,
et dans des genres où il faut être simple. Parmi nos hommes émi-
nemment spirituels, deux auteurs de la génération qui suivit immédiatement Molière et Boileau, Le Sage et Voltaire. ont mérité cette
louange qu'avec infiniment d'esprit ils ont évité l'écueil du bel-
esprit. Voltaire a trop de sentences et de rhétorique dans ses *tragédies* et dans sa *Henriade ;* il est quelquefois violent et grossier
dans ses satires, mais jamais il ne donne dans le bel-esprit.

Les autres défauts qui trop souvent ont gâté notre littérature,
même au dix-septième siècle, sont la rhétorique et la pédan-
terie. Plusieurs satires de Boileau ne sont autre chose que des thèmes de rhétorique, qu'il s'amuse à développer pour faire briller son
bon esprit et pour bien parler ; telles sont la satire sur l'Homme et
celle sur la Femme. Bien que le bon sens de Boileau ait mis dans
ces compositions des vérités piquantes, leur but n'est pas sérieux.

Leur auteur, à cette époque, n'était préoccupé que du goût, et dans tout ce qui ne touche ni à la médecine ni aux lettres, il semble n'avoir cherché qu'un texte pour écrire avec esprit et un bon style. Fénelon a blâmé l'inconvenance du récit de Théramène sur la mort d'Hippolyte; en effet, il est bien long et trop logiquement arrangé pour la situation. J'oserais aussi hasarder quelques doutes sur la vérité parfaite du pompeux discours de Mithridate à ses enfants : est-ce ainsi qu'un grand politique parle dans son conseil ? L'admirable récit de la mort de Polyphonte, dans la *Mérope* de Voltaire, me paraît aussi d'une longueur déplacée. On voulait toujours étaler une bienséance majestueuse, l'action tragique était dans la coulisse, et l'on venait la réciter sur la scène ; cela fesait briller l'éloquence de l'auteur, et surtout celle de l'acteur, toujours fort exigeant sur ce point ; et la scène, comme l'on sait, embarrassée de spectateurs, était une des principales causes de ce défaut, en empêchant le déploiement du spectacle.

Fénelon, qui critiqua si justement Racine dans le *Télémaque*, tombe à tout instant dans le défaut qu'il a repris. Il y a dans ce poëme surabondance de discours d'une morale tantôt élevée, tantôt puérile. Mentor donne des conseils et des éclaircissements à Idoménée sur les soins qui causent la prospérité d'un État et favorisent l'accroissement de la population, et pour le toucher par un doux spectacle, il parle ainsi : « Cependant la mère et toute la famille »prépare un repas simple à son époux et à ses chers enfants, qui »doivent revenir fatigués du travail de la journée. Elle a soin de »traire ses vaches et ses brebis, et on voit couler des ruisseaux »de lait. Elle fait un grand feu autour duquel toute la famille »innocente et paisible prend plaisir à chanter tout le soir en at-»tendant le doux sommeil. Elle prépare des fromages, des châ-»taignes, et des fruits conservés dans la même fraîcheur que si »on venoit de les cueillir. Le berger revient avec sa flûte, et »chante à la famille assemblée les nouvelles chansons qu'il a ap-»prises dans les hameaux voisins, etc. » (*Télémaque,* liv. XII.)

Il faut avouer que ces deux grands personnages avaient du goût pour l'idylle.

Il est téméraire, sans doute, de critiquer le chef-d'œuvre d'un aussi beau génie que celui de Fénelon ; mais, quoi que l'on dise pour justifier toutes les moralités du *Télémaque*, il y aura toujours à répondre que si c'est un poëme, il y a trop de sentences, et que si c'est un traité de morale, il y a trop de fictions et de poésie. Mais quel beau français ! quelle riche imagination ! quelle noblesse de cœur dans ce roman héroïque !

Fléchier, Buffon, les deux Rousseau, Raynal, Le Brun, Thomas, Delille ont donné dans la rhétorique. J.-J. Rousseau, qui est le vrai précurseur des Romantiques, nous a donné, dans *la Nouvelle Héloïse,* le prototype du roman intime et pédant.

Mais les écrivains de cette époque sont, en général, loin de valoir ceux des deux précédentes. Le Brun, notre Pindare, et Parny, le dangereux apôtre de la doctrine du plaisir, sont d'excellents poëtes, mais il n'y a qu'eux, et malgré tout leur mérite, je ne puis les égaler à La Fontaine et à Racine; chez les prosateurs même infériorité.

J.-J. Rousseau, dans sa *Nouvelle Héloïse*, est souvent lourd et incorrect; il eut le malheur de venir fort tard à Paris, et se ressentit toujours d'avoir passé sa jeunesse à l'étranger. Malgré ses grandes qualités d'écrivain, et ses efforts continuels pour s'améliorer, il n'a jamais atteint à l'atticisme et à la pureté de style de Voltaire. Mirabeau est plus grand orateur que grand écrivain. Bernardin de Saint-Pierre est loin de Fénelon. La décadence est évidente, et cela ne tient pas seulement au goût, cela vient aussi des principes littéraires. En voici les principaux signes :

1° Les idées sur la prose et la poésie se troublent; la prose abonde dans la poésie, et les vers dans la prose. Déjà on avait eu la sottise de dire, pour louer des vers: *Beau comme de la prose.* Voilà une triste louange; les vers de Pradon et de La Motte sont beaux comme de la prose. Les théories sur la prose poétique ont perdu la prose française.

2° La critique littéraire prend une extension qui n'a cessé de s'accroître depuis, et qui augmente tous les jours au moment où

j'écris ces lignes. On voyait tout ensemble au dix-huitième
siècle La Motte, d'Olivet, Desfontaines, Voltaire, Diderot, Fréron, Marmontel, Palissot, Thomas, La Harpe, Chamfort et
Clément.

3° Apparition des genres bâtards et recherchés dans la littérature : le roman intime, le drame prétentieux. Le roman entre
dans le drame, et les confessions dans le roman. L'élégie sura-
bonde.

4° On n'a plus la juste idée du bon usage de la langue; les
uns en sortent, d'autres sont d'étroits puristes. Le sens créateur
va se perdant de plus en plus; la langue élégante des salons est
usée comme les mœurs. Marmontel, auteur contemporain, écrivait avec un tact prophétique : « Le terme propre est devenu
» commun; le tour naturel est usé; l'épithète la plus hardie et
» la plus forte n'est plus qu'un mot parasite et vague; l'expres-
» sion figurée est ternie; l'élégance a perdu sa fleur : et si l'on
» veut donner au style un peu d'éclat, il faudra bientôt tirer de
» loin des mots auxiliaires, accumuler des métaphores, afin de
» se rendre étrange, de peur d'être commun en osant être natu-
» rel. » (*Éléments de Littérature,* art. USAGE.)

Mais Rousseau fut l'orateur providentiel dont les écrits neu-
tralisèrent pour l'avenir la sécheresse des savants et le sensua-
lisme de Diderot, l'éloquent corrupteur du dix-huitième siècle.
Retournant au ton et aux images champêtres, il commence une
réaction contre le goût et les mœurs de Paris; avec lui naît une
nouvelle école de prose, qui fut continuée et modifiée par Bernardin de Saint-Pierre.

« Sous le rapport de la langue et du style, dit M. Villemain,
Bernardin de Saint-Pierre avait habilement rétrogradé vers un autre siècle. Avec tant de nouveauté dans ses images, il a de l'ar-
chaïsme dans sa manière d'écrire. La littérature, depuis le siècle de
Louis XIV, avait toujours été s'épurant, cherchant l'élégance, la
noblesse, la dignité des formes. Buffon, si grand écrivain d'ailleurs,
avait dit : « Ayez du scrupule sur le choix des expressions, de l'at-

» tention à ne nommer les choses que par les termes les plus géné-
» raux » ; c'est-à-dire soyez pompeux, et soyez vague. Au contraire,
Bernardin de Saint-Pierre, malgré le tour brillant de son imagination, ne craint pas les termes simples, particuliers, les noms propres des choses. Son expression colorée n'en est pas moins familière. — Son langage n'est pas digne et pompeux, comme un
langage de cabinet ou de théâtre. Les images basses et vives qui
abondent dans nos vieux auteurs ne lui répugnent pas. Écrivain
si harmonieux et si pur, il a baissé d'un ton la dignité du beau
style. Comme J.-J. Rousseau, et peut-être plus que lui, il innove
par la familiarité des comparaisons, l'excessive simplicité des
images; son dédain pour la richesse et le faste, sous toutes les
formes, depuis le luxe des palais, jusqu'à celui des livres et du
style, l'ont ramené vers notre littérature du XVIe siècle. Il est
élève de Montaigne et d'Amyot. » (*Tableau du XVIIIe siècle,
3e partie, 8e leçon.*)

L'antipathie de Voltaire contre Rousseau, le dédain de Buffon
pour les ouvrages de Bernardin de Saint-Pierre s'expliquent
maintenant naturellement; la chaumière du paysan venait se
substituer au château du seigneur.

CHAPITRE XIII. — *Naissance et développement de l'école
romantique. Écrivains nés depuis* 1759.

Andrieux (1759); Parseval-Grandmaison (1759); Rouget-de-Lisle (1760);
Hoffman (1760); De Bonald (.....); Surville (né vers 1760?); Barnave
(1761); Raynouard (1761); Fontanes (1761); Désaugiers (1762); André de Chénier (1763); Madame Dufrénoy (1763); Royer-Colard
(1763); Berchoux (1763); M.-J. de Chénier (1764); X. de Maistre
(1764); Marat (1764); Arnault (1766); Madame de Staël-Holstein
(1766); Benj. Constant (1767); Lacretelle (1767); Al. Duval (1767);

Picard (1769); de Chateaubriant (1769); de Jouy (1769); Esménard (1769);
Dussault (1769); Napoléon Bonaparte (1769); Michaud (1769); Cuvier
(1769); Baour-Lormian (1770); Lamarque (1770); Antignac (1770);
Chênedollé (né vers 1770?); N.-L. Lemercier (1772); Madame Cotin

(1773); J. Droz (1773); P.-L. Courrier (1773); A. Gouffé (né vers 1773); Foy (1775); De Saint-Victor (né vers 1775) ; J.-L. Burnouf (1775); Roger (1776); De Martignac (1776); Ballanche (1776) ; M. Th. Leclerc (1777); D'Allarde, dit Francis (1778); Etienne (1778).

De Béranger (1780); P.-Ph. Ségur (1780); Lamennais (1781); Millevoie (1782); De Marchangy (1782); De Barante (1783); Ch. Nodier (1783); V. Ducange (1783); L.-A. Martin (1786); D.-Fr. Arago (1786) ; Guizot (1787); De Cormenin (1788); Soumet (1788); Scribe (1791); Villemain (1791); V. Cousin (1792) ; De Lamartine (1792); Cas. Delavigne (1794); Aug. Thierry (.....); Em. Debraux (1796); Jouffroy (1796) ; Thiers (1798); A. Carrel (1800).

Plusieurs hommes de la génération précédente et de la nouvelle avaient senti que la littérature s'épuisait, que la langue s'usait, et qu'il fallait aller puiser de la vie pour toutes deux quelque part. Fontanes et M.-J. Chénier demeurèrent dans la voie classique, étudiant nos grands écrivains postérieurs à Malherbe et les auteurs latins. De Surville rentra dans la langue et la poésie du quinzième siècle ; A. Chénier étudia les bucoliastes grecs et les élégiaques latins, renouvela le mètre et les couleurs; M. de Chateaubriant, malheureusement peu correct et un peu bel-esprit, continua la voie de poésie champêtre et religieuse ouverte par J.-J. Rousseau et par Bernardin de Saint-Pierre. En même tems étaient nées et s'étaient développées l'éloquence militaire et l'éloquence politique; nous eûmes Mirabeau et Napoléon. Courier se forma sur Amyot, Rabelais et Hérodote ; M. Ch. Nodier, dans une langue abondante, aisée et correcte, créa le roman que l'on pourrait appeler *romantique*.

La chanson avait été renouvelée par Rouget-de-Lisle, Désaugiers et Béranger; l'ode le fut par M. de Lamartine et M. V. Hugo, et la critique littéraire par M. Villemain, dans de célèbres leçons, où brillaient à la fois l'érudition et le goût. M. Augustin Thierry et M. Cousin, écrivains du premier ordre par la pureté et la simplicité du style, par l'inspiration et la pensée, jetaient une vie nouvelle, l'un dans l'histoire, l'autre dans la philosophie. Le caractère de cette époque est donc la fin de la littérature classique, l'élévation de la tribune et des journaux politiques, et l'apparition de la littérature dite *romantique*, en un mot toute une rénovation littéraire.

Mais plusieurs de ces écrivains n'ont pas été parfaitement naturels ; on ne peut se dissimuler qu'il y a de l'apprêt dans Bernardin de Saint-Pierre, André Chénier, M. de Chateaubriant et Paul-Louis Courrier ; et qu'il y en a encore bien davantage dans d'autres écrivains plus jeunes, et leurs élèves.

Aujourd'hui le public paraît lassé du débordement littéraire qui a suivi la révolution de juillet, littérature qui a justement reçu le surnom d'*échevelée* et même d'*épileptique*.

Il semble demander quelque chose de plus correct, de plus philosophique, de plus reposé, de plus gai. On ne veut plus de la bouffissure et de l'incorrection romantique, ni de la froideur, de la fadeur et de l'apparat des auteurs prétendus classiques du dix-huitième siècle et de l'Empire.

De la lecture et de la représentation des tragédies classiques et des drames modernes, des critiques qui en ont été faites, il m'est resté la conviction que la mise en scène de l'ancienne tragédie ne convient plus aujourd'hui ; les tragédies ne doivent plus être faites pour la cour et la ville, pour un public d'exception, mais pour le peuple. L'exigence des trois unités et des cinq actes est heureusement bannie, le théâtre n'est assurément plus timide ; mais la rhétorique, sous son nouveau déguisement, y est plus gourmée que jamais. La comédie n'a pas été quittée par Marivaux ; il n'a fait que vieillir et changer d'habits. Quel triste spectacle ! à côté du drame qui prône la débauche, l'adultère et le suicide, nos auteurs comiques bafouent le civisme, et tournent en ridicule le désir de l'estime publique.

Quant à nos épopées des trois derniers siècles, la vie en est fausse, il faut les rejeter en bloc, sauf à y retrouver de beaux détails, et retourner à nos épopées chevaleresques, à l'Arioste, au Tasse et à Homère.

L'épopée et l'ode ne doivent plus, comme *la Henriade* et les odes de Rousseau, s'adresser aux seigneurs et aux belles dames de la cour, mais à toute la nation; cette observation est importante, car, comme l'a dit Cicéron, l'orateur se règle sur le goût de son auditoire : « *Semper oratorum eloquentiæ moderatrix fuit auditorum prudentia. Omnes enim qui probari volunt, voluntatem eorum qui audiunt intuentur, ad eamque, et ad eorum arbitrium et nutum totos se fingunt et accommodant. (Orator,* cap. 1V.) Le peuple veut de la poésie, et non des discours de rhétorique.

Qui aujourd'hui saurait réciter les aventures merveilleuses de nos héros du moyen-âge, bien traduire Homère et Arioste, chanter les gloires de la République, les merveilles de l'industrie moderne, le bonheur domestique, la vie pastorale, et les louanges de Dieu, trouverait un champ neuf et un public enthousiaste. La littérature doit se placer dans la société que nous ont faite nos révolutions politiques et intellectuelles, et, en évitant les vieilles répétitions mythologiques et épicuriennes, conserver avec respect les vrais usages de la langue, et lui rendre une sève nouvelle.

Mais, malgré la puissance de talent de nos meilleurs écrivains modernes, on ne saurait méconnaître la grande perturbation qui s'est faite dans la langue depuis cent ans, et les dangers qu'elle court. La décadence classique a commencé au dernier siècle la corruption de la langue ; nous avons vu Marmontel faire remarquer que de son tems la langue était déjà très-usée, qu'on était blasé sur les plus belles expressions. Voltaire criait à la fin de sa vie que la barbarie arrivait de toutes parts. Son bon sens supérieur lui montrait dans la littérature l'esprit français baissant et se faussant ; il prévoyait le règne des extravagants et des sophistes. Aujourd'hui on pèche plus que par l'incorrection : le faux, le heurté, l'incohérent, le discordant sont dans toutes les poésies. Dans la conception des livres comme dans l'emploi des mots, la précision française se perd ; on retombe dans les défauts du treizième siècle.

Les locutions provinciales et étrangères ont débordé par la tribune et les journaux; le langage scientifique le plus sec, le plus dur, s'infiltre partout, jusque dans les romans. Les littérateurs, les écrivains légers sont devenus systématiques; ils perdent à créer une détestable langue qui soit à eux le tems qu'ils devraient employer à apprendre celle qui a existé long-tems avant eux (1).

Dans ce chaos de locutions, la critique du grammairien littérateur nous semble être devenue une nécessité de jour en jour plus forte. Plus il y a d'activité et d'audace dans la création, plus il doit y avoir d'habileté et de vigilance dans la critique. Un bon grammairien n'est pas moins utile dans l'État qu'un vérificateur des monnaies et qu'un vrai philosophe.

---

(1) Voici quelques échantillons du style du jour; ils feront juger dans quel état nos plus grands écrivains ont mis la langue; lecture faite, on ne sait si on doit en rire ou s'attrister.

« Équitable et moral, le *protestantisme* est *exact dans ses devoirs*, mais sa bonté tient plus de la raison que de la tendresse; *il vêtit* celui qui est nu, mais il ne le réchauffe pas dans son sein. »

(*Études ou Discours historiques*, t. 1, *Préface*, cxxxi.)

« Deux partis dominèrent alors dans la Péninsule : le premier emportait presque tout le peuple des campagnes, *entr'excité des* prêtres et *fondu en bronze* par la foi religieuse et politique; le second comprenait les libéralès, *gent dite* plus éclairée, mais, à cause de cela, moins pétrifiée par les préjuges ou *consolidée* par la vertu. »

(*Congrès de Vérone*, t. I, p. 8.)

« Plagiaires aussi de l'empire, les Espagnols empruntèrent le bataillon sacré à la retraite de Moscow, ainsi qu'ils étaient *bouffonesques de* la Marseillaise, des *sanculotides*, des propos de Marat et des diatribes du Vieux Cordelier, toujours rendant les actions plus viles, le langage plus bas. »

(*Ib.*, t. 1, p. 60 et 61.)

« Si Louis XVIII n'eût été roi, il aurait été membre de l'Académie, et il était *féru à l'esprit* de l'antipathie des classiques contre les romantiques. »

(*Ib.*, t. 1, p. 243.)

4

CHAPITRE **XIV**. — *Conservation matérielle.*

Toute langue se compose de deux éléments : l'*harmonie* des mots, et leur *sens ;* il y a donc deux côtés par lesquels on doit soigner sa perfection et veiller à sa conservation. Lorsqu'une langue est arrivée à ce degré de douceur et de régularité qui est le signe de sa maturité (1), elle n'est pas invariablement fixée dans chacune de ses syllabes, et il leur reste une certaine latitude de mutations. C'est ainsi qu'on a dit tantôt *droit,* tantôt *drèt,* etc., sans que l'intégrité de la langue en fût altérée. Aujourd'hui, sous ce rapport, notre langue est aussi bonne qu'elle a jamais été, et l'on peut affirmer que depuis deux cents ans elle n'a rien perdu de sa perfection matérielle ; la langue de la saine partie de Paris a encore tout son agrément et sa force, et par son influence le français des villes de la province a considérablement gagné ; le dialecte de Paris devient de plus en plus la langue du royaume. Il est cependant un endroit par lequel il court des dangers : c'est par le développement du langage scientifique, qui, en s'accroissant, se remplit de plus en plus de mots d'une harmonie barbare, et qui s'introduisent peu à peu dans la langue usuelle et littéraire ; c'est un effet du mouvement du siècle. Il est donc nécessaire que les auteurs et les grammairiens veillent à maintenir dans toute sa force la perfection matérielle de la langue. Je vais entrer à ce sujet dans quelques détails.

« Triompher sur le même sol où les armées de l'homme *fastique* avaient eu des revers, faire en six mois ce qu'il n'avait pu faire en sept ans, c'était un véritable prodige. »

(*Ib.*, t. II, p. 425.)

(1) Cf. G. FALLOT, *Recherches sur les Formes Grammaticales de la Langue Française et de ses dialectes au* XIIIe *siècle* ; Introduction.

Le peuple a pour ses différentes espèces de mots, pour toute la langue, un goût d'harmonie absolu, auquel il soumet tous les termes qui sont à son usage ; c'est le lit de Procuste, qui détermine aussi la valeur prosodique des syllabes. La langue française a été faite avec la langue latine; c'est donc dans les analogies qui nous viennent du latin que se trouve la régularité formelle de nos mots; presque tout ce qui sort de là est *barbarisme de son*. Et pourtant il y a dans notre langue bien des barbarismes de ce genre qu'il est impossible d'expulser. Mais d'où viennent-ils ? A côté du peuple qui suit seulement son instinct d'oreille et de goût, c'est-à-dire qui écoute les vraies lois du langage, il y a les savants qui, pour leurs besoins, ou même sans besoin, font des emprunts aux langues étrangères; mais comme ils n'ont pas le tact du peuple, et son exigence d'harmonie uniforme dans les syllabes et dans leur combinaison, ils transportent dans la langue nationale des mots de forme exotique. J'en vais donner quelques exemples qui rendront sensible ce que j'avance. Du latin *strictus*, le peuple a fait *étroit* et *étroitement;* et les gens de loi nous ont donné les horribles mots *strict* et *strictement*. Observons, à cette occasion, qu'il est contraire à l'oreille du peuple de commencer aucun mot par *st* ou *sp;* il a toujours eu soin d'antéposer un *é* : de *spes* il a fait *espoir;* de *status*, *état*. Les mots *spirituel, station*, etc., n'ont pas passé du peuple dans la littérature. mais sont venus de l'école. Le *ct* final, comme dans *tact, exact, strict*, est également contraire à l'euphonie ; et déjà le *t* final ne se prononce plus dans *respect*, et le *c* ni le *t* dans *aspect, instinct*, etc. Le peuple a fait tomber presque tous les *c* qui se trouvaient au milieu des mots latins; de *directus*, il a fait *droit;* de *factum*, *fait;* aussi, par cela seul, on pourrait affirmer que les mots secs et laids de *didactique, éclectique, technique*, viennent encore de l'école, si on ne le savait à l'avance (1). La désinence *iste*, em-

(1) Les substantifs longs et grêles de *fusibilité, susceptibilité, inhumanité, inutilité, successibilité, perspicuité, superficiellement, superstitieuse-*

pruntée au grec, a passé, depuis quelques années, dans le peuple, parce qu'elle est commode, assez douce, et qu'elle a servi dans nos tems de révolution à distinguer des partis, *bonapartiste, carliste,* etc.; mais elle est loin d'y être aussi commune que la terminaison latine *ien*, qui y répond à peu près. La désinence *ique,* charmante chez les Grecs, parce qu'elle était suivie d'un *os* qui soutenait la voix et l'oreille, car on disait *ikos,* est fort laide chez nous, parce que ce *os* harmonieux a disparu. C'est pourtant celle que nos savants substitueraient, si on les laissait faire, à la belle terminaison en *al,* qui nous vient du latin, et qui est toute populaire. Depuis un tems, les verbes en *iser* semblent se multiplier; mais cette forme est barbare, quand elle s'applique à des racines latines, et est peu élégante en général, même dans les mots tirés du grec : qui est-ce qui emploie *poétiser, dramatiser,* et beaucoup d'autres verbes semblables? Cette désinence peut être tolérée dans certains verbes empruntés du grec; on est obligé de la conserver dans quelques mots latins, transformés en verbes français harmonieux et utiles, et pour lesquels l'usage a établi une longue prescription : tels sont *autoriser, diviniser, immortaliser, tranquilliser,* etc.; mais en général il faut la repousser, elle n'est pas populaire, ni d'origine latine. Le peuple l'a même enlevée dans certains mots : d'*agoniser,* v. n., il a fait *agonir,* v. a. : « agonir quelqu'un de sottises, » c'est-à-dire le mettre à l'agonie en l'accablant de sottises; j'ai même entendu des ouvriers dire *sympathir,* au lieu de *sympathiser :* c'est que le peuple forme ses verbes simplement en *er* ou en *ir,* et non point en *iser.* Conservons religieusement les formes de la langue, sans

---

ment, *substitution. tacticien, épileptique, logistique, artistique, styptique, épispastique* ; les mots lourds de *prononciation, modernisation, adaptation, subtilisation, homologation, obstruction, extinction, extraction, substruction, homogénéisation, transsubstantiation, irréalisabilité, inconstitutionnalité, épistolographe, acataleptique, astérisque, antarctique, administratrice, autocratrice,* sont encore des mots faits par les savants.

quoi tous les idiomes connus y feront invasion, briseront ses formes constitutives; toute forme de mot pourra être considérée comme française, et la langue française aura vécu.

— — — — —

CHAPITRE XV. — *Conservation logique.*

La langue se conserve aussi par le sens des mots, par la *logique.* Chaque mot, par son origine et son premier emploi, a une *capacité logique,* si l'on peut dire ainsi, d'où se tireront ses acceptions futures. Les emplois heureux et nouveaux qu'on peut faire d'un mot sont trouvés dans des moments d'inspiration par les personnes qui ont la conception vive et nette et le sens délicat. Donner par calcul et arbitrairement des nuances particulières aux mots, comme raisonner sur leurs acceptions et sur leur position dans la phrase avec la rigueur des mathématiques, c'est s'abuser complétement. L'orateur, de cette manière, émousse en lui le sens délicat du langage; ses paroles deviennent obscures ou trompeuses, parce qu'il attache aux termes qu'il emploie un autre sens que son auditoire, car celui qui lit ou écoute ne comprend les mots que dans le sens consacré par l'usage, ou que l'instinct de l'intelligence peut leur attribuer dans une circonstance donnée.

Ainsi le public et les grammairiens doivent repousser les barbarismes, parce qu'ils perdent la langue et la justesse de l'esprit; et l'écrivain doit les fuir, parce qu'ils sont une source d'obscurité et d'ennui. Mais aujourd'hui l'on ne pense point à cela; on a l'habitude d'être ennuyeux. Chaque écrivain veut forcer l'emploi des mots, être excentrique par son langage. L'improvisation de la tribune, par une cause opposée, fait courir à la langue les mêmes dangers.

Un même désordre, par un amour aveugle de l'ordre, a lieu dans l'enseignement grammatical : depuis un siècle, la plupart de nos grammairiens, substituant au goût les raisonnements, ont renversé le fondement de la grammaire :

« Et le raisonnement en bannit la raison. »
(MOLIÈRE, *Les Femmes Savantes*, II, 7.)

La grammaire doit tirer ses règles, non de la spéculation, mais des usages du peuple et de l'inspiration des grands écrivains.

CHAPITRE XVI. — *Où est aujourd'hui le bon usage ?*

Mais, dira-t-on, où trouver, en France, le bon usage de la langue ? Est-ce dans l'usage général ? dans l'usage de Paris ou de la Touraine ? et à Paris, est-ce aux Tuileries ou dans les rues qu'on parle le mieux ? Voici mon opinion en deux mots, qu'ensuite je développerai : *Le peuple fait loi, l'écrivain fait choix.*

Oui sans doute pour le gros de la langue, il faut suivre l'usage général, mais, entendons-nous bien, l'usage des provinces de langue d'oïl ; tout le reste est barbare : ainsi un Picard, un Parisien et un Franc-Comtois se comprennent parfaitement ; mais lorsqu'on veut parler la langue avec perfection, il faut suivre l'usage des habitants lettrés de Paris, et de race parisienne. Dès le douzième siècle déjà, « on ne reconnaissait comme bon langage » françois que celui des habitants de l'Ile-de-France. » (*Histoire littéraire de la France*, t. XVIII, p. 846.) Un enfant qui, même à Paris, est élevé par des parents étrangers ou provinciaux, en conserve souvent une empreinte.

La cour ne doit plus faire loi, comme du tems de Louis XIV ; ce n'est plus là que se rencontre l'élite des écrivains et des hommes d'esprit de la France ; d'ailleurs cet usage était beaucoup trop restreint : il porta préjudice à la poésie épique, à la poésie pastorale et à l'ode ; et en effet, où une vie n'est pas, son langage ne peut s'y trouver.

La Chambre des Députés est composée de provinciaux ; parmi les habitants mêmes de Paris, il y a beaucoup d'étrangers : certains faubourgs de Paris renferment une populace ramassée de tous les coins de la France, et qui jargonne d'une manière détestable et ridicule. Ce n'est donc pas là qu'il faut aller chercher le bon usage.

Si l'on veut indiquer avec précision où est le bon usage parlé, je dirai qu'on le trouve surtout au Théâtre-Français pour la *prononciation*, et dans l'Académie Française pour la *propriété* des termes. C'est là qu'on entend parler et s'exprimer conformément à l'usage de la plus saine partie de Paris. Il faut suivre l'accent et la prosodie de Paris, dont le dialecte est le plus riche et le plus cultivé. Il est essentiel à l'unité et à la durée de la langue que le français de la capitale soit dominant, et d'autant plus nécessaire que la prosodie variant de province à province, et l'orthographe étant irrégulière, compliquée et presque conventionnelle, sans cette loi l'ordre disparaît, et la langue tombe dans une sorte de chaos. Il faut une langue commune dans l'État, comme un seul système de poids et mesures.

L'Orléanais et la Touraine sont, ce me semble, après Paris, les provinces où l'on parle le meilleur français.

Ce n'est pas toutefois que la prononciation générale de Paris soit parfaite : la lettre *r* y est fréquemment mal prononcée ; mais cela me paraît tenir plutôt à une faiblesse d'organe qu'à un goût particulier d'articulation ; dans le discours familier, les Parisiens ont une tendance à affaiblir et à user la langue, en supprimant les *r*, les *t* et les *s* de liaison, en retranchant nombre d'*l* mouillées, et l'une des consonnes finales dans les mots qui en ont deux, par exemple l'*l* et l'*r* dans les terminaisons en *ble*, en *bre*, en *tre*, etc. Plus on descend dans la population de Paris, plus ce vice a de force et d'effet : le petit peuple dit *artisse*, *Augusse*, pour *artiste*, *Auguste*, etc. ; il emploie aussi des termes de jargon, qui ont des tems de vogue, et dont il faut s'abstenir avec un soin extrême.

Mais les défauts de la prononciation commune de Paris,

qui viennent d'un parler vif et négligé et du grand mouvement de cette capitale, sont trop connus pour n'être pas com-
battus dans toute bonne éducation ; malheureusement, sous ce
rapport, toute la France laisse beaucoup à désirer. Pourquoi, par
exemple, n'a-t-on pas des maîtres de prononciation comme on a
des maîtres de chant ? Ce qui est inhérent à la nature de l'homme,
indispensable à ses besoins et extrêmement agréable, un talent
qui est nécessaire aux poëtes, qui fait admirer celui qui le pos-
sède, qui aide à monter aux honneurs, qui constitue et maintient les nationalités, est dédaigné, négligé, oublié ; et cependant
n'y a-t-il pas, sans comparaison, plus d'utilité et plus d'agrément,
ne se fait-on pas plus d'honneur en bien parlant, que par les arts
frivoles du chant et de la danse ?

L'Académie, pour l'autorité grammaticale, a remplacé la cour
d'autrefois, mais avec ce désavantage qu'elle n'est composée que
d'auteurs, et manque de femmes. Pour le langage familier, son
Dictionnaire est très-bon, et notamment l'édition de 1835. Sans
s'écarter du bon usage actuel, elle a retenu, dans ses phrases d'exemple et ses définitions, la tradition du dix-septième et
du dix-huitième siècle. Au reste, de même que Vaugelas, à la
cour, ne prenait pour autorité que la plus saine partie de la cour,
il faut aussi, quand on fréquente les membres de l'Académie
Française, choisir ses autorités. Mais cela est insuffisant, il faut
consulter l'usage de la ville, et avoir soi-même de l'oreille et du
goût. Il faut dans la société polie de Paris, et même aussi chez les
artisans, s'attacher à discerner les personnes qui parlent avec délicatesse et justesse, et qui sont de Paris. Nos auteurs, plus naturels dans la conversation que dans leurs écrits, les femmes, dont
le langage est plus libre de système que celui des hommes, l'esprit plus naïf, plus vif, plus fin et plus délicat, peuvent au littérateur qui vit à Paris, et presque tous y vivent, fournir une ample
moisson d'observations grammaticales relatives au bon usage.
Ceci est de rigueur pour un prosateur.

Je serais moins rigoureux pour un poëte. Celui qui aurait

assez de sûreté dans le sens trouverait une riche provision de formes et de locutions dans le vieux langage des provinces de langue d'oïl; mais il doit toujours s'astreindre à la prosodie de Paris, et y connaître le bon usage actuel.

En général, pour être *correct* et *élégant* il faut : proscrire l'emploi systématique des mots; concilier la nouveauté et la tradition, la langue écrite et la langue parlée; puiser à la fois à la ville et à la campagne, dans la rue et dans les salons. Il est visible que l'élégance de la cour influa sur celle des écrits de Racine, de Massillon et de Voltaire, comme le langage populaire et campagnard sur celui de La Fontaine, ce grand écrivain ayant senti sans doute que le ton et les locutions pastorales ne se rencontrent point à Paris.

Pendant le dix-septième siècle et la première moitié du dix-huitième, la plupart des bons auteurs fréquentaient la cour. Il en résultait pour le goût action mutuelle : la cour formait son langage sur le style des bons auteurs, et les écrivains se conformaient dans l'emploi des locutions à l'usage de la cour. Depuis, tout a changé : on serait fort embarrassé de dire où s'est trouvé, depuis l'année 1789, le bon usage dans la conversation. Les révolutions sociales et intellectuelles qui depuis cette époque se sont opérées à Paris ont amené des perturbations dans la langue et fait changer de place le bon usage.

Aujourd'hui que l'Académie a remplacé la cour, que par le gouvernement représentatif, toute la province est comme entrée dans Paris, il faut dans l'emploi des mots distinguer et concilier l'usage de l'Institut et celui des villes, la langue politique et la langue littéraire et usuelle.

CHAPITRE XVII. — *Auteurs qui font autorité
dans la langue écrite.*

Les auteurs les plus naturels, les plus purs, c'est-à-dire qui
ont le plus suivi le bon usage de leur tems, et par suite les plus
corrects et les plus élégants, sont ceux du quinzième siècle et du
siècle de Louis XIV. Mais au quinzième siècle, la langue n'était
pas formée. Pour la propriété des termes, la nature des métaphores et la contexture de la phrase, il faut surtout s'attacher aux
auteurs nés de 1585 à 1710 ; ils excellent dans le tissu du style,
art que nous avons perdu. L'éloquence académique, dont le développement a été si grand au siècle dernier, nous a donné de plus
en plus le goût des expressions générales et abstraites. Bossuet,
La Bruyère, Fénelon, peignent, et nous employons le crayon gris.
Ils ont eu aussi grand soin d'écarter de la littérature le style scientifique, en ces deux points imitateurs des anciens, qu'ils n'ont pas
surpassés, ni peut-être même égalés, à cause de l'infériorité de
l'instrument grammatical. Nous devons être rigoureux à bannir les mots techniques, et sobres dans l'emploi des locutions
abstraites. Les langues nées du latin, langues d'emprunt, faites
en partie dans les écoles de théologie et de philosophie, sont par
elles-mêmes beaucoup plus métaphysiques que celles des anciens ; ainsi, nous devrions plus qu'eux encore veiller au choix
des termes dans l'éloquence et la poésie.

Les mots que nous employons sont presque tous tirés du latin,
l'un emprunté pour le droit, l'autre pour la théologie ; de sorte
que beaucoup de termes, très-français, n'ont jamais eu dans notre
langue qu'un sens *abstrait*. Dans le latin, dans l'allemand, chaque terme abstrait eut d'abord et conserva une acception *matérielle :* contrepoids aux abus de l'usage, et qui, nous manquant,
nous force à être plus sévères dans le discours, et plus soumis à
l'autorité. La base logique de notre langue est dans le latin, où nous
retrouvons la valeur primitive et positive de chacun de nos mots.

Cet état de choses rend donc l'usage plus étroit et plus roide dans
le français. Par là se distinguent tristement les langues dérivées
des langues originales ; aussi, pour peu que nous ne soyons pas
précis, c'est-à-dire tenus au bon usage, nous nous égarons. Les
langues originales ont encore cet avantage que la dérivation *logique* y suit la dérivation *motale,* ce qui très-souvent n'a pas lieu
dans notre langue : ainsi logiquement *éducation* est le substantif
d'*élever,* quoique dans la dérivation motale ils ne soient pas en
parenté, mais viennent de deux racines différentes. Soyons donc
attachés à la précision, qui vient du bon usage ; elle est la chaîne
salutaire qui nous empêche de tomber.

Veut-on sentir la supériorité du goût et du langage des Latins,
comparativement à nous ? Salluste dit : *Veluti pecora, quæ natura
prona atque ventri obedientia finxit.* (*Bell. Catil.,* § 1.) Nous
disons : « La brute, que la nature a *asservie à ses appétits.* » Veut-
il dire que l'ambition contraignit beaucoup d'hommes à devenir
faux, à être *hypocrites,* à ne cultiver l'amitié que par intérêt, à
avoir plus de politesse que de probité, voici comme il s'exprime :
« *Ambitio multos mortales falsos fieri subegit ; aliud clausum
» in pectore, aliud in lingua promptum habere* (avoir une chose
» dans le cœur, une autre sur les lèvres) ; *amicitias inimicitias-
» que non ex re, sed ex commodo æstumare, magisque vultum
» quam ingenium bonum habere.* » (*Ib.,* § 10). La différence
paraît sans peine. Sous ce rapport-là le *Télémaque* est un des
meilleurs livres qu'ait produits la littérature française ; dans les
détails du style, pour la force, le naturel et la beauté, il égale
les anciens orateurs. Racine a manqué à cette qualité quand il dit
dans *Esther :*

« Là tu verras d'Esther la pompe et les honneurs,
» Et sur le trône *assis le sujet* de tes pleurs. »

(*Acte* 1, sc. 1, vers 18.)

Aujourd'hui plus que jamais nous entassons dans nos discours gonflés les substantifs abstraits ; on n'y trouve point dans
chaque détail des faits et des images palpables. Montaigne cher-

cha beaucoup à composer sa phrase d'images et de mots empruntés à la vie sensible et au monde matériel ; mais on aperçoit la recherche. Fénelon possédait la juste mesure du mélange de substantifs abstraits et d'images sensibles qu'il faut dans l'éloquence ;
il s'était formé chez les Grecs, surtout par l'étude d'Homère et
des tragiques : la lecture des poëtes apprend aux orateurs à colo-
rer leur style et à mettre de l'imagination dans l'expression.

On peut accorder les mêmes éloges à Bossuet et à La Bruyère,
qui a porté plus loin que personne, dans notre prose classique,
la variété des tours et la force métaphorique.

Nos écrivains classiques, qui sont en général bons logiciens,
tombent quelquefois dans l'incohérence des métaphores, vice
qui gâte le fond même du style ; elles avortent sous leur plume,
comme par une faiblesse de l'imagination. Massillon, logicien
égal à Racine, aussi éminent que lui par le talent de la déduc-
tion et des transitions, n'eut pas toujours la main ferme dans
les figures. Dans son *Petit Carême*, si renommé par le fini du
style, j'ai remarqué le passage suivant ; il s'agit de l'ambition :
« Ce *penchant* infortuné, qui souille tout le cours de la vie des
hommes, *prend* toujours *sa source* dans les premières mœurs ;
c'est le premier *trait* empoisonné qui blesse l'ame ; c'est lui qui
efface sa première beauté, et c'est *de lui* que *coulent* ensuite tous
ses autres vices. » (*Sermon pour le* 1er *dimanche de carême*,
1re *partie.*)

Je ne crois pas qu'on trouvât rien de semblable dans Bossuet
ni dans Fénelon.

Dans notre ancienne littérature, je mettrais en première ligne,
comme sources d'étude de la langue française, au quinzième siècle, Boucicaut ; puis Rabelais, malgré le jargon, Cl. Marot, Calvin, Amyot, Montaigne, malgré ses impropriétés de termes, et
enfin Malherbe.

Parmi les écrivains français, depuis Malherbe jusqu'à nos
jours. ceux qui ont le mieux connu les usages et le génie de leur
langue me paraissent être La Fontaine, Racine et Voltaire. La

Fontaine est notre plus heureux *archaïste*. Il a même poussé la hardiesse et l'habileté jusqu'à faire un peu ce qu'ont fait des Grecs, des Allemands et des Italiens, à introduire dans ses vers des mots de forme dialectale.

Immédiatement après eux, je placerais par ordre de date Descartes, Corneille, Pascal, Sévigné, Bossuet, Boileau, La Bruyère, Fénelon, Massillon, Le Sage, Buffon et Béranger. D'autres les égalent pour le talent de la composition et la pureté grammaticale; mais comme ils n'ont pas eu au même degré le don de création dans le style, je ne puis les mettre sur leur ligne.

Au seizième siècle, la langue est à son plus haut degré de force dans Montaigne et d'Aubigné ; dans Corneille pour l'âge classique, et immédiatement après lui, dans Bossuet, Pascal, La Bruyère, Molière, Boileau et Lebrun.

Dans La Fontaine, le français égale en souplesse l'italien et l'allemand. Cette langue montre toute son élégance, au seizième siècle, dans Marot et Amyot, au dix-septième dans Racine et Massillon, au dix-huitième dans Voltaire ; son aisance et sa grâce, dans La Fontaine, Fénelon et Voltaire ; dans Voltaire, son plus haut degré de précision, de clarté et de facilité. Pour bien écrire en français, il faut lire et relire ces admirables écrivains, et quitter ses locutions pour les leurs.

Pour la phrase en elle-même, dans le style coupé, Voltaire est notre premier modèle, puis, par ordre de date, La Fontaine, Molière, Sévigné, Fénelon et Lesage ; pour l'art de la période, c'est Bossuet, qui dans son style, à la fois plein et serré, a su, comme Cicéron, parfaitement placer les respirations, les mots de chute, et les mots à effet ; après lui je recommanderais Massillon et Fléchier, mais leurs périodes sans fin sont aussi formées de membres trop longs, et ils sont loin d'avoir au même degré que Bossuet le sentiment du rithme de la langue. Le français, ayant une prosodie moins forte que le latin et l'allemand, ne comporte pas des phrases aussi longues, ce qui, joint à son manque de cas, le rend moins propre au style périodique. Pour modèles d'un style tantôt coupé,

, antôt périodique, nous citerons parmi les poëtes, Corneille et Racine, et chez les prosateurs, Balzac, qui le premier rencontra et dégagea le vrai rithme du style grave et oratoire, La Bruyère, quelquefois trop tourné, mais toujours si fin, si énergique, si coloré, si varié dans ses mouvements, et enfin Buffon, qui brille encore par la clarté, l'harmonie et la majesté.

Béranger, parmi ses contemporains, mérite une louange particulière. Il a placé la chanson dans la littérature, et banni de la poésie lyrique le mouvement oratoire, introduit par Malherbe et qu'un siècle durant J.-B. Rousseau y fit régner en dominateur. Aussi, dans Béranger, la langue poétique est rajeunie jusque dans ses entrailles, si je puis parler ainsi. Par les tournures, par toute l'allure du style, il abonde en archaïsmes heureux. Chez lui, le mélange de l'élément ancien et de l'élément nouveau est si intime, si parfait, qu'il faut toute la sagacité d'un grammairien exercé pour l'apercevoir. Mais ce n'est pas seulement par le mouvement du style, par la contexture de la phrase, et par la propriété des termes que Béranger a su rajeunir la langue, son art consiste aussi dans le rapprochement nouveau des expressions ; il sait porter l'élégance jusqu'au degré de création :

> Sur des tombeaux si j'évoque la gloire,
> Si j'ai prié pour d'illustres soldats,
> Ai-je, à prix d'or, au pied de la victoire,
> Encouragé le meurtre des États ?
> Ce n'était point le soleil de l'empire
> Qu'à son lever je chantais dans ces lieux.
> Ciel vaste et pur, daigne encor me sourire.
> Échos des bois, répétez mes adieux.

> (*Adieux à la campagne.*)

Ce sens, cet art heureux, et la sagesse de sa conduite littéraire l'ont mis au-dessus de tous nos écrivains modernes. Il a conquis l'avenir autant par la variété et la justesse de son style que par le fond de ses compositions, et plus fait pour la conservation et l'entretien de la langue française que tous les grammairiens et lexico-

graphes nés depuis cent ans, et plus que toute la nouvelle génération néologiste, qui, au rebours de Béranger, a voulu rompre
et a rompu en effet avec la langue du dix-septième siècle.

Dans l'époque moderne, il faut placer après Béranger P.-L.
Courier, comme réformateur et rénovateur de la langue, et
de Surville, malgré son imitation outrée du vieux langage. Ces
deux auteurs, prenant la phrase pour ainsi dire par tous les bouts,
ont surtout cherché à lui rendre de la souplesse et de la variété,
et aux mots de la naïveté et de la force ; ou , pour m'exprimer
autrement, ils ont cherché à rajeunir la langue, en lui ôtant de
sa platitude et de sa roideur.

Courier avait surtout placé ses espérances dans sa traduction
d'Hérodote, dont il n'a donné que des fragments ; la mort l'a in-
terrompu dans son œuvre. Je crois que si cette traduction eût
été finie, elle serait demeurée pour la France le modèle des traductions poétiques ; car Hérodote, dans sa simplicité de style, est
presque un poëte. Elle a la perfection du genre qui consiste à
prendre le ton et le mouvement de l'auteur, et en même tems un
milieu clair et net entre les allures et les locutions de l'original et
celles de la langue du traducteur. Les traductions faites de cette manière sont un des plus puissants moyens d'enrichissement d'une
langue ; mais si ces traductions dominaient dans une littérature,
elles écraseraient enfin la langue, en étouffant son originalité.
Nos traducteurs, qui perdent leur tems à traduire Homère et
tous les anciens en style de Fléchier, ne feraient-ils pas mieux, en
les calquant avec justesse et délicatesse, d'enrichir notre langue
de tours et d'expressions poétiques et utiles aux orateurs ? Des
traductions ainsi faites, à la façon d'Amyot, de Courier et de Chateaubriant, faites surtout sur les classiques grecs et latins, contri-
bueraient de la manière la plus efficace à réparer notre langue littéraire, si sèche, si tordue et si usée. Elles donneraient à la langue, et au public blasé, de nouvelles métaphores, de nouveaux
mouvements de style, et rendraient de l'avenir à la littérature,
comme à la langue ; du reste, il faut de la mesure en tout. Mais

nos traductions, loin d'avoir assoupli la langue, semblent avoir contribué à lui donner de la roideur, tant elles sont peignées et oratoires.

Il faut se remettre à l'étude, je dirais volontiers à l'imitation des historiens et des orateurs de la Grèce et de Rome ; ils nous seraient plus profitables qu'aux écrivains des deux derniers siècles, puisqu'aujourd'hui nous avons, comme les Grecs et les Romains, la vie publique, inconnue à nos pères.

Ce que j'ai dit de l'effet des traductions peut s'étendre à toutes les parties de la littérature. Une philosophie judicieuse donne à la langue la précision ; les grammairiens, la sévérité et la régularité ; les orateurs, la facilité et la noblesse ; les poëtes, la richesse, la beauté et la variété. La poésie, par son inspiration et son rithme, a surtout de l'efficacité, quand la langue s'use, pour la renouveler et en rouvrir la source ; c'est à elle de recréer le mouvement et les détails du style ; ainsi, au crépuscule comme à l'aurore d'une littérature, la poésie est l'école des prosateurs. Aussitôt qu'une locution du style simple vieillit, elle tombe dans le domaine de la poésie ; le poëte est ainsi non-seulement créateur, mais conservateur, et la plus grande faute qu'il puisse faire, c'est de chercher à interrompre les usages de la langue. Et de plus, comme la langue est l'instrument de la pensée, on peut dire qu'un poëte élégant, quelque frivole qu'il soit, est un homme utile pour l'intelligence, par cela seul qu'il entretient la langue dans un état sain. Il n'y a donc pas seulement des moyens grammaticaux pour conserver la langue ; une langue est généralement saine dans une partie de la littérature, lorsque le genre fleurit ; l'inspiration est toujours le meilleur guide dans le style.

La poésie légère est presque nulle aujourd'hui, parce qu'il n'y en a plus dans les esprits, parce que la vraie poésie vient de la vie, et que notre vie est fort prosaïque, quoique très-agitée. Il n'y a plus de poésie légère et épique que dans les rangs inférieurs du peuple, qui lit les vieux romans chevaleresques, et chante ses amours et Napoléon.

Aussi, dans la belle littérature, le style est faussé, malade, perdu, et la prose y est peut-être encore plus gâtée que la poésie ; on manque de naturel, parce qu'on a de faux principes, de mauvaises habitudes, des exemples dangereux, et parce qu'on vise aux effets extraordinaires. Mais heureusement on s'est lassé des hommes qui ont tant fait pour nous blaser et pour corrompre le goût ; on commence à ne plus suivre des parleurs qui n'ont pas même foi en leur honnêteté. Quand une littérature en est là, le seul bon parti pour tout le monde, c'est de faire ce que font les jeunes gens sensés d'aujourd'hui, de revenir au simple et au naturel. Les journaux, les écrits périodiques ont beaucoup rendu notre littérature flasque par la prolixité ; on devrait oublier qu'on écrit à tant la colonne. Nous aurions besoin d'aliments sains et d'un régime fortifiant. Il n'y a point de salut dans les matières de goût sans la justesse, le naturel et la simplicité. Que l'on me permette, à cette occasion, de rapporter sur le naturel une page d'Andrieux ; elle est elle-même un modèle de netteté, d'aisance et de simplicité.

« Le naturel doit se trouver dans tous les genres : c'est la vérité des expressions, des images, des sentiments, mais une vérité parfaite, et qui paraît n'avoir coûté à l'écrivain aucune peine, aucun effort. La moindre affectation détruit ce naturel si précieux ; dès qu'une expression recherchée, une image forcée, un sentiment exagéré se présentent, le charme est détruit.

» Le défaut le plus ennemi du naturel, et celui dans lequel nous autres Français nous tombons le plus aisément, c'est de vouloir montrer de l'esprit mal à-propos. Nous cherchons des traits brillants où il ne faudrait que de la justesse.

» Les anciens ont eu plus de naturel que les modernes ; c'est un naturel admirable et enchanteur, qui donne un si grand prix aux chefs-d'œuvre d'Homère, de Théocrite, de Sophocle ; il semblerait que, dans ces temps reculés, les hommes fussent plus près de la nature, et qu'ils la sentissent mieux ; ils n'avaient pas besoin de pensées si fines, ni d'expressions si recherchées ; ils ne vou-

laient que des sentiments vrais, des images fidèles ; leurs langues
se prêtaient aux plus simples détails, et admettaient des expressions communes dans le style le plus relevé ; leur extrême simplicité nous paraîtrait peut-être trop nue ; il nous faut plus de
recherche, plus d'ornements : notre langue est dédaigneuse, et
ne se plie qu'avec peine, dans le genre noble, à l'expression naïve
des choses ordinaires ; elle rejette même de ce genre beaucoup de
termes comme trop bas, en sorte qu'il faut user de périphrases :
Voltaire disait assez plaisamment que *notre langue est une gueuse
fière, à qui il faut faire l'aumône malgré elle.*

» On peut dire que le naturel est, dans les ouvrages de littérature des anciens, et surtout des Grecs, ce qu'il est dans leurs
belles statues, une imitation fidèle de la nature, sans recherches,
sans efforts ; la pose de la plupart des figures antiques est simple,
vraie ; leur expression souvent tout unie ; rien d'affecté, rien
d'extraordinaire ; les artistes, comme les poëtes, comme les orateurs, ne voulaient pas alors faire des tours de force, et courir
mal à propos après de grands effets. » (ANDRIEUX, *Journal de
l'École Polytechnique*, t. IV, pag. 115 et 116 (1810).

Pour bannir de notre littérature les pensées fauses et le faux
goût, le ton apprêté, les tirades indigestes et incohérentes, pour
y ramener la vie et le naturel, il faut une renaissance intellec-
tuelle et une réforme morale chez les littérateurs : les auteurs et
leurs œuvres périront bientôt, si la probité et l'instruction leur
manquent. Il y a aujourd'hui, au lieu de ces qualités, la vanité,
la morgue et la cupidité. Mais on devrait sans cesse se répéter
cette vérité : *Bien vivre apprend à bien penser, bien penser à
bien parler ;* et réciproquement: *Bien parler apprend à bien
penser,* et même, à la longue, penser avec justesse conduit à des
principes honnêtes. On a besoin d'une langue pour penser ; et
plus l'instrument est en bon état, mieux on travaille.

CHAPITRE XVIII. — *Conclusion.*

Lorsqu'un peuple, pur de tout contact avec des nations cor-
rompues, est dans sa première jeunesse, n'ayant à combattre que
sa grossièreté et son ignorance, chacun, rempli pour ainsi dire
de la sève nationale, suit la pente de son caractère et de son génie,
et contribue, sans s'en rendre compte, à la force de la vie commune. Une nation semblable, dans les mœurs, la politique et la
littérature, a un long et bel avenir. Mais quand un peuple a
vieilli parmi les courtisanes et sous le joug des despotes ; quand
il n'est arrivé à la liberté que peu à peu et par des crises violen-
tes, la foi est usée, le scepticisme règne, et la nation est énervée.
Cependant, chez ce peuple vieilli se trouve un certain nombre
d'hommes énergiques, purs, qui, frappés du tableau que leur présente la société, s'écartent du torrent, cherchent dans le passé de
saints exemples, et placent dans l'avenir de dignes espérances ;
d'autres, enchaînés par la volupté, attestant le plaisir et la
faiblesse de l'homme, se plongent dans la vieille corruption et
dans une ignoble mollesse. Ainsi, dans cette société, l'on voit
d'un côté d'infâmes hontes, et de l'autre des vertus héroïques.
Telle était Rome sous ses empereurs ; telle a toujours été la
France : mais les voix de Pascal, de Fénelon et de La Bruyère,
de Massillon, de Voltaire et de Rousseau, les cris des amis de
l'humanité ont été entendus ; mais nous avons encore l'Évangile
et la presse libre. Aujourd'hui, de toutes parts, les hommes qui
ne sont point avilis ou sans foi convient les cœurs nobles et les
mains pures à l'œuvre commune, à la régénération nationale. Là
est l'avenir de notre littérature ; c'est là une œuvre digne des intelligences supérieures, l'emploi des conducteurs de l'humanité.
Que le cri de réforme se fasse entendre de toutes parts ! Expliquant aux Français et à tous les hommes les droits du citoyen,
montrons que leur exercice est un devoir, leur négligence une

inertie funeste. O vous, hommes de cœur et de raison, démasquez dans son égoïsme et flétrissez, sous sa couronne de roses, la doctrine du plaisir; montrez à nu le cœur séché et rongé par elle ; appliquez un fer brûlant sur les bouches vénales : alors la France renaîtra comme une digne fille de Dieu, et notre littérature sera un mets divin pour les hommes.

Depuis les premiers bégaiements de notre poésie jusqu'au roman de *la Rose,* depuis le roman de *la Rose* jusqu'à Désaugiers, la galanterie et la moquerie sont le fond et la vie de la plupart de nos poésies et de nos romans : aussi que de fadeur, que de libertinage et de scepticisme dans toute notre littérature! Si ces qualités y régnaient sans partage, ne faudrait-il pas la condamner au feu comme pernicieuse à l'humanité ? Heureusement il s'est trouvé dix justes pour conjurer la colère du ciel; mais ces dix justes morts, que deviendra la cité coupable? Est-ce la théorie de l'art pour l'art, et le scepticisme romantique, sous son manteau catholique, qui ramènera les mœurs et le bon goût? Sont-ce des hommes chez qui est mort tout amour pour les enfants, pour l'épouse, pour la patrie, qui feront une langue saine, qui composeront des poëmes fortifiants et doux au cœur, qui dans leurs écrits feront reluire la vérité ?

Concluons que pour relever la langue il faut aujourd'hui relever la littérature, si enfoncée dans l'ornière et le bourbier, si rongée de ses vieux ulcères.

Rappelons aux journalistes que l'ignorance et le pédantisme sont funestes et ridicules; que la légèreté des jugements est condamnable; que la camaraderie sans bornes a égaré le public et perdu les auteurs: l'homme est si faible, que la louange qu'il a fait préparer lui-même l'empoisonne. Il faut de la fraternité, mais non des coteries: sans doute l'amitié est sainte, mais la justice l'est encore plus.

L'avidité des libraires a fait porter depuis vingt ans le charlatanisme littéraire à un degré honteux et inouï; à force d'abuser le public, ils l'ont dégoûté, et ils ont tué du même coup la librairie et la littérature. Que les auteurs s'instruisent par l'étude, se réfrènent sur la vanité et l'avidité, qui leur fait composer un volume par mois, le trouvant toujours trop bon pour un public arrogamment méprisé par eux, mais qui leur rend bien leur mépris. Que les auteurs qui sont dans le besoin cherchent à côté de la littérature des moyens d'existence et une conscience indépendante : aujourd'hui, il ne faut plus être homme de lettres par état, si l'on ne veut pas s'exposer à vendre sa plume et son honneur.

Il est toujours ignoble, il est odieux, au milieu des profondes misères qui nous entourent, de faire de l'or son dieu, et de la volupté sa religion : la vie de plaisir et l'exercice sérieux du talent sont même incompatibles ;

> Qui studet optatam cursu contingere metam,
> Multa tulit fecitque puer, sudavit et alsit,
> Abstinuit venere et vino.
>
> (HOR., *De Arte Poet.*, v. 412-414.)

La mission est grande et belle, non moins que celle du prêtre chrétien et du philosophe de l'antiquité ; mais quel compte à rendre ! La renommée est une seconde obligation d'être vertueux. Tout homme dont le nom est répété est exposé aux regards et aux discours du public ; plus un auteur a de talent et de réputation, plus il est dangereux ou bienfesant. Ses écrits vont entretenir les pensées intimes de l'homme et de la mère de famille, les causeries du jeune homme et les rêveries de la jeune fille ; corrompu et au fond de l'abîme, il ne peut y rester seul ; il y fait descendre par des chemins glissants et rapides les ames faibles et passionnées ; il a vécu pour la ruine morale ou pour le salut de tous ceux qui l'ont lu. L'écrivain est donc responsable pour lui et pour plusieurs des exemples qu'il donne et des principes qu'il professe. Qu'est-ce que les lettres, quel est leur prix, si elles ne servent à nous rendre meilleurs et plus respectables ? Ne doivent-elles pas faire grandir la moralité de l'auteur et du public ? Qu'il y ait, je l'accorde, quelques esprits badins et frivoles, dont les récits ou les productions amusent dans les moments perdus; mais qu'ils soient en petit nombre dans une littérature, et surtout qu'ils soient amusants !

Enfin, souvenons-nous que l'homme marche avant le littérateur, mais aussi que le grand écrivain, comme le chef politique, par l'autorité de son exemple et de sa parole, vaut à lui seul plusieurs hommes. Il a aussi plus de mérite à vaincre son cœur que le simple citoyen, car quiconque a eu plus de combats à rendre, vainqueur recueillera plus de gloire et un bonheur inaltérable. Le public, toujours juste à la longue, tient compte aux hommes supérieurs par leur position et leurs talents, des périls qu'ils ont courus et surmontés; et les vertus des grands écrivains ont toujours reçu de la postérité leur tribu légitime d'hommages. Que cette gloire est encourageante ! Quelle plus noble ambition que celle de conduire les hommes à la vertu en charmant leur esprit?

Mais reconnaissons aussi que la philosophie, la religion et la liberté ne suffisent pas à former une bonne littérature ; il faut y joindre l'imagination, le sentiment des convenances sociales et littéraires, et le tact grammatical, qui ne peut se développer que par l'étude du Bon Usage.

NOTE DU CHAPITRE IX.

J'ai parlé de la version des Psaumes par Conrart. Voici deux passages de cette version trop peu connue et trop peu appréciée ; on y reconnaîtra la belle langue du dix-septième siècle.

Psaume 90.

Toujours, Seigneur, tu fus notre retraite,
Notre secours, notre sûre défense ;
Avant qu'on vît des hauts monts la naissance,
Et même avant que la terre fût faite,
Tu fus toujours vrai Dieu comme tu l'es,
Et comme aussi tu dois l'être à jamais,

D'un mot tu peux nos faibles corps dissoudre,
Si tu nous dis : Créatures mortelles !
Cessez de vivre et retournez en poudre.
Mille ans à toi qui l'Éternel t'appelles
Sont comme à nous le jour d'hier qui fuit,
Ou seulement une veille en la nuit.

Dès que sur eux tu fais tomber l'orage,
Ils s'en vont tous comme un songe qui passe
Qu'avec le jour un prompt réveil efface ;
Ou, comme aux champs, on voit un vert herbage,
Frais le matin, dans sa plus belle fleur,
Perdre le soir sa grâce et sa couleur.

Ces strophes montrent la grâce de l'inversion dans la poésie noble, et prouvent qu'il est possible, qu'il n'est pas choquant d'entrelacer des rimes féminines.

Psaume 104.

Il faut, mon âme, il faut avec ardeur
De l'Éternel célébrer la grandeur.

Dieu Tout-Puissant, seul digne de mémoire,
Je te contemple environné de gloire,
Ceint de lumière et paré richement
De ta splendeur comme d'un vêtement.
Pour pavillon à ta majesté sainte,
Ta main forma des cieux la vaste enceinte.

Ton haut palais est d'eaux tout lambrissé,
Pour toi la nue est un char exhaussé ;
Les vents ailés, lorsque tu te promènes,
Pour te porter redoublent leurs haleines,
De ces esprits aussi prompts que légers
Quand il te plaît tu fais tes messagers ;
Et, si tu veux exercer ta justice,
Les feux brûlans sont prêts à ton service.

Tu fis la terre et l'assis fermement.
Son propre poids lui sert de fondement ;
Rien ne l'ébranle, et l'on la voit paraître
Telle aujourd'hui qu'au jour qui la vit naître.
Auparavant d'un grand abîme d'eau
Tu la couvrais comme d'un noir manteau.
Les eaux flottoient encor sur les montagnes
Comme elles font dans les basses campagnes.

Mais d'un seul mot, qu'il te plut proférer,
Toutes soudain tu les fis retirer ;
Ta forte voix, qui forme le tonnerre,
Avec frayeur leur fit quitter la terre ;
Alors on vit mille monts se hausser,
Mille vallons à leurs pieds s'abaisser,
Tous se hâtant pour occuper la place
Qu'il t'avait plu leur marquer par ta grace.

La mer alors sous tes yeux se forma,
Et dans ses bords toute se renferma,
N'osant franchir les bornes éternelles
Qui de ses flots sont les gardes fidèles.
Entre les monts tu fis sourdre les eaux,
Tu fis partout couler mille ruisseaux,
Qui, descendant des plus hautes collines,
Vont réjouir les campagnes voisines.

Là, quand le jour commence d'éclairer,
Les animaux vont se desaltérer ;
Tous à l'envi, même l'âne sauvage,
Courent en foule à ce commun breuvage.
Le long des bords de ces ruisseaux courants
On voit voler mille oiseaux différents,
Qui, se posant sous le sombre feuillage,
Font tour-à-tour entendre leur ramage.

Tu fis la lune et tu réglas son cours ,
Pour nous marquer et les mois et les jours ;
Et le soleil, au moment qu'il se lève,
Sait où le soir sa carrière s'achève.
Tu couvres l'air d'un voile ténébreux,
Qui de la nuit rend le visage affreux ;
Et c'est alors que les bêtes sauvages ,
Sortant des bois, cherchent les pâturages.

Le lionceau, dans son besoin pressant,
Après la proie en fureur rugissant,
A toi, Seigneur, auteur de la nature,
Pousse des cris pour avoir sa pâture.
Puis, le soleil nous ramenant le jour,
Tigres , lions, rentrent dans leur séjour ;
Tous s'en revont dans leur demeure sombre.
Pour y trouver du repos et de l'ombre.

LA DEFENSE ET ILLUSTRATION

DE

LA LANGUE FRANCOYSE,

PAR JOACHIM DU BELLAY.

L'autheur prye les lecteurs differer leur jugement jusques à la fin du livre, et ne le condamner sans avoir premierement bien veu, et examiné ses raisons.

—

Ἰωάννης Αὐρατὸς
Εἰς κελτικῆς γλώσσης Ἀπολογίαν.

Εἷς οἰωνὸς ἄριστος ἀμύνεσθαι περὶ πάτρης,
  Εἶπεν ὁμηρείων εὐεπίη χαρίτων.
Ἐν δὲ κλέος μέγ'ἄριστον ἀμύνεσθαι περὶ γλώττης
  Τῆς πατρίης, κα'γὼ φημὶ παρῳδιάων
Βελλάϊ' ὡς γοῦν σεῦ πρόγονοι φιλοπάτριδες ἄνδρες
  Ἤκουσαν, πατρίης γῆς πέρι μαρνάμενοι.
Οὕτως καὶ πατρίης σὺ συνηγορέων περὶ γλώττης,
  Κληδὸν'ἀεὶ σχήσεις, ὡς φιλόπατρις ἀνήρ.

A MONSEIGNEUR

Le Reverendissime Cardinal du Bellay, S.

Veu le personnaige que tu joues au spectacle de
toute l'Europe, voyre de tout le monde, en ce grand
theatre romain ; veu tant d'affaires et telz, que seul
quasi tu soutiens : ô l'honneur du sacré College ! pe-
cheroy'-je pas (comme dit le Pindare latin) contre le
bien publicq', si par longues paroles j'empeschoy' le
tens que tu donnes au service de ton Prince, au profit
de la patrie, et à l'accroissement de ton immortelle
renommée ? Epiant donques quelque heure de ce peu
de relaiz, que tu prens pour respirer soubz le pesant
faiz des affaires francoyses (charge vrayement digne
de si robustes epaules, non moins que le ciel de celle
du grand Hercule), ma Muse a pris la hardiesse d'entrer au sacré cabinet de tes saintes et studieuses oc-
cupations : et la, entre tant de riches et excellens vœuz
de jour en jour dediez à l'image de ta grandeur, pen-
dre le sien humble et petit, mais toutesfois bien heureux, s'il rencontre quelque faveur devant les yeux de
ta bonté, semblable à celle des Dieux immortelz, qui
n'ont moins agreables les pauvres presentz d'un bien
riche vouloir que ces superbes et ambicieuses offran-
des. C'est en effect, la Deffence et Illustration de nostre
langue francoyse ; à l'entreprise de laquele rien ne m'a
induyt, que l'affection naturelle envers ma patrie ; et

à te la dedier, que la grandeur de ton nom : afin qu'elle
se cache (comme soubz le bouclier d'Ajax) contre les
traictz envenimez de ceste antique ennemye de vertu,
soubz l'umbre de tes esles; de toy dy-je, dont l'incom-
parable scavoir, vertu, et conduyte, toutes les plus
grandes choses, de si long tens de tout le monde
sont experimentées, que je ne les scauroy' plus au vif
exprimer, que les couvrant (suyvant la ruse de ce noble
peintre Tymante) soubz le voyle de silence, pource,
que d'une si grande chose il vault trop myeux, comme
de Carthage disoit T. Live, se taire du tout, que d'en
dire peu. Recoy donques avecques ceste accoutumée
bonté, qui ne te rend moins amyable entre les plus
petiz que ta vertu et auctorité venerable entre les
plus grands, les premiers fruictz, ou pour myeulx dire,
les premieres fleurs du printens de celuy, qui, en toute
reverence et humilité, bayse les mains de ta R. S. ;
priant le Ciel te departir autant d'heureuse et longue
vie, et à tes haultes entreprises estre autant favorable, comme envers toy il a eté libéral, voyre prodi-
gue de ses graces. A Dieu, de Paris ce. 15. de Fe-
vrier, 1549.

LA DEFENSE ET ILLUSTRATION

DE

LA LANGUE FRANCOYSE.

LIVRE PREMIER.

CHAPITRE Ier. — *De l'Origine des Langues.*

Si la Nature (dont quelque personnaige de grand'renommée non sans rayson a douté si on la devoit appeller mere ou maratre) eust donné aux hommes un commun vouloir et consentement, outre les innumerables commoditez qui en feussent procedées, l'inconstance humaine n'eust eu besoing de se forger tant de manieres de parler ; laquéle diversité et confusion se peut à bon droict appeller la Tour de Babel.

Donques les Langues ne sont nées d'elles mesmes en façon d'herbes, racines et arbres , les unes infirmes et debiles en leurs espéces, les autres saines et robustes et plus aptes à porter le faiz des conceptions humaines ; mais toute leur vertu est née au monde du vouloir et arbitre des mortelz. Cela, ce me semble, est une grande raison pourquoy on ne doit ainsi louer une langue, et blamer l'autre , veu qu'elles viennent toutes d'une mesme source et origine, c'est la fantasie des hommes; et ont eté formées d'un mesme jugement, à une mesme fin , c'est pour signifier entre nous les conceptions et intelligences de l'esprit. Il est vray que par succession de tens, les unes, pour avoir eté plus curieusement reiglées, sont devenues plus riches que les autres : mais cela ne se doit attribuer à la felicité desdites langues, ains au seul artifice et industrie des hommes. Ainsi doncques toutes les choses

que la nature a crées, tous les ars et sciences, en toutes les quatre
parties du monde, sont chacune endroict soy une mesme chose ;
mais pource que les hommes sont de divers vouloir, ilz en parlent
et ecrivent diversement.

A ce propos, je ne puis assez blamer la sotte arrogance et te-
merité d'aucuns de notre nation, qui n'etans rien moins que
Grecz ou Latins, deprisent et rejetent d'un sourcil plus que stoïque toutes choses ecrites en francois ; et ne me puys assez
emerveiller de l'etrange opinion d'aucuns scavans, qui pensent
que nostre vulgaire soit incapable de toutes bonnes lettres et erudition, comme si une invention pour le languaige seulement devoit estre jugée bonne ou mauvaise. A ceux la je n'ay entrepris de
satisfaire ; à ceux-cy je veux bien, s'il m'est possible, faire changer
d'opinion par quelques raisons, que brefvement j'espere deduyre:
non que je me sente plus cler voyant en cela ou autres choses
qu'ilz ne sont, mais pource que l'affection qu'ilz portent aux langues estrangieres, ne permet qu'ilz veillent faire sain et entier
jugement de leur vulgaire.

Chapitre II.—*Que la Langue francoyse ne doit estre nommée barbare.*

Pour commencer donques à entrer en matiere, quand à la signification de ce mot Barbare : Barbares anciennement etoint
nommez ceux qui ineptement parloint grec. Car comme les
etrangers venans à d'Athenes s'efforcoint de parler grec, ils
tumboint souvent en ceste voix absurde βάρϐαρας. Depuis les
Grecz transportarent ce nom aux meurs brutaux et cruelz, appellant toutes nations, hors la Grece, Barbares ; ce qui ne doit en
rien diminuer l'excellence de notre langue, veu que ceste arrogance greque, admiratrice seulement de ses inventions, n'avoit
loy ny privilege de legitimer ainsi sa nation, et abatardir les au-

tres, comme Anacharsis disoit que les Scythes etoint barbares
entre les Atheniens, mais les Atheniens aussi entre les Scythes.
Et quand la barbarie des meurs de notz ancéstres eust deu les
mouvoir à nous apeller Barbares, si est ce que je ne voy point
pourquoy on nous doive maintenant estimer telz, veu qu'en civi-
lité de meurs, equité de loix, magnanimité de couraiges, bref, en
toutes formes et manieres de vivre, non moins louables que profitables, nous ne sommes rien moins qu'eux, mais bien plus, veu
qu'ilz sont telz maintenant, que nous les pouvons justement
apeller par le nom qu'ilz ont donné aux autres. Encores moins
doit avoir lieu, de ce que les Romains nous ont appellez Barbares,
veu leur ambition et insatiable faim de gloyre, qui tachoint non
seulement à subjuger, mais à rendre toutes autres nations viles
et abjectes aupres d'eux, principalement les Gauloys, dont ilz ont
receu plus de honte et dommaige que des autres.

A ce propos, songeant beaucoup de foys d'ou vient que les gestes
du peuple romain sont tant celebrés de tout le monde, voyre de si
long intervale preferés à ceux de toutes les autres nations ensemble, je ne treuve point plus grande raison que ceste cy : c'est
que les Romains ont eu si grande multitude d'ecrivains, que la plus
part de leur [leurs] gestes (pour ne dire pis) par l'espace de tant
d'années, ardeur de batailles, vastité d'Italie, incursions d'estran-
gers, s'est conservée entiere jusques à nostre tens. Au contraire
les faiz des autres nations, singulierement des Gauloys, avant
qu'ilz tumbassent en la puyssance des Francoys, et les faiz des
Francoys mesmes, depuis qu'ilz ont donné leur nom aux Gaules,
ont eté si mal recueilliz, que nous en avons quasi perdu non seulement la gloire, mais la memoyre (1). A quoy à bien aydé l'envie

« Atheniensium res gestæ, sicuti ego existumo, satis amplæ, magnifi-
cæque fuere; verum aliquànto minores tamen quam famâ feruntur. Sed
quia provenere ibi scriptorum magna ingenia, per terrarum orbem Atheniensium facta pro maxumis celebrantur. Ita eorum qui ea fecere vir-

6

des Romains, qui comme par une certaine conjuration conspirans contre nous, ont extenué en tout ce qu'ilz ont peu notz louanges belliques, dont ilz ne pouvoint endurer la clarté; et non seulement nous ont fait tort en cela, mais pour nous rendre encor' plus odieux et contemptibles, nous ont apellez brutaux, cruelz et Barbares. Quelqu'un dira, pourquoy ont-ilz exempté les Grecz de ce nom? pource qu'ilz se feussent fait plus grand tort qu'aux Grecz mesmes, dont ilz avoint emprunté tout ce qu'ilz avoint de bon, au moins quand aux sciences et illustration de leur langue.

Ces raysons me semblent suffisantes de faire entendre à tout equitable estimateur des choses que nostre langue (pour avoir eté nommes Barbares ou de noz ennemis, ou de ceux qui n'avoint loy de nous bailler ce nom) ne doit pourtant estre deprisée mesmes de ceux aux quelz elle est propre et naturelle, et qui en rien ne sont moindres que les Grecz ou Romains.

CHAPITRE III. — *Pourquoy la Langue francoyse n'est si riche que la greque et latine.*

Et si nostre langue n'est si copieuse et riche que la greque ou latine, cela ne doit estre imputé au defaultd'icelle, comme si d'elle mesme elle ne pouvoit jamais estre sinon pauvre et sterile : mais bien on le doit attribuer à l'ignorance de notz majeurs, qui ayans (comme dict quelqu'un, parlant des anciens Romains) en plus grande recommandation le bien faire que le bien dire, et mieux aymans laisser à leur posterité les exemples de vertu que les pre-

---

tus tanta habetur, quantum verbis eam potuere extollere præclara ingenia. At populo romano nunquam ea copia fuit. »

SALLUST., *Bell. Catil.*, ch. 8.

ceptes, se sont privez de la gloire de leurs bien faitz (1), et nous
du fruict de l'immitation d'iceux : et par mesme moyen nous ont
laissé nostre langue si pauvre et nue, qu'elle a besoing des ornementz, (et s'il fault ainsi parler) des plumes d'autruy.

Mais qui voudroit dire que la greque et romaine eussent tousjours eté en l'excellence qu'on les a vues du tens d'Homere
et de Demosthene, de Virgile et de Ciceron ? Et si ces aucteurs
eussent jugé que jamais pour quelque diligence et culture qu'on
y eust peu faire, elles n'eussent sceu produyre plus grand fruict,
se feussent ilz tant eforcez de les mettre au point ou nous les
voyons maintenant ? Ainsi puys-je dire de nostre langue, qui commence encores à fleurir sans fructifier, ou plus tost, comme une
plante et vergette, n'a point encores fleury, tant se fault qu'elle
ait apporté tout le fruict qu'elle pouroit bien produyre. Cela certainement non pour le default de la nature d'elle, aussi apte à en-
gendrer que les autres, mais pour la coulpe de ceux qui l'ont euë en
garde, et ne l'ont cultivée à suffisauce : ains comme une plante
sauvaige, en celuy mesme desert ou elle avoit commencé à naitre, sans jamais l'arrouser, la tailler, ny defendre des ronces et
epines qui luy faisoint umbre, l'ont laissée envieillir et quasi
mourir. Que si les anciens Romains eussent eté aussi negligens
à la culture de leur langue quand premierement elle commença à
pululer, pour certain en si peu de tens elle ne feust devenue si
grande. Mais eux, en guise de bons agriculteurs, l'ont premierement transmuée d'un lieu sauvaige en un domestique ; puis affin
que plus tost et mieux elle peust fructifier, coupant à l'entour les
inutiles rameaux, l'ont pour echange d'iceux restaurée de rameaux
francz et domestiques magistralement tirez de la langue greque,
les quelz soudainement se sont si bien entez et faiz semblables à

---

(1) « Optumus quisque facere quam dicere, sua ab aliis benefacta lau-
dari, quam ipse aliorum narrare malebat. »

Sallust. Bell. Catil., ch. 8.

leur tronc, que desormais n'apparoissent plus adoptifz, mais na-
turelz. De la sont nées en la langue latine ces fleurs et ces fruictz
colorez de cete grande eloquence, avec ces nombres et cete lyai-
son si artificielle, toutes les quelles choses, non tant de sa propre
nature que par artifice, toute langue a coutume de produyre.

Donques si les Grecz et Romains, plus diligens à la culture de
leurs langues que nous à celle de la nostre, n'ont peu trouver en
icelles, sinon avecques grand labeur et industrie, ny grace, ny
nombre, ny finalement aucune eloquence, nous devons nous
emerveiller si nostre vulgaire n'est si riche comme il pourra
bien estre, et de la prendre occasion de le mepriser comme chose
vile et de petit prix? Le tens viendra, peut estre, et je l'espere
moyennant la bonne destinée francoyse, que ce noble et puissant
royaume obtiendra à son tour les resnes de la monarchie, et que
nostre langue (si avecques Francoys n'est du tout ensevelie la langue francoyse) qui commence encor' à jeter ses racines, sortira
de terre, et s'elevera en telle hauteur et grosseur, qu'elle se
poura egaler aux mesmes Grecz et Romains, produysant comme
eux des Homeres, Demosthenes, Virgiles et Cicerons, aussi bien
que la France a quelquesfois produit des Pericles, Nicies, Alci-
biades, Themistocles, Cesars et Scipions.

CHAPITRE IV. — *Que la Langue francoyse n'est si pauvre que
beaucoup l'estiment.*

Je n'estime pourtant nostre vulgaire, tel qu'il est maintenant,
estre si vil et abject, comme le font ces ambicieux admirateurs des
langues greque et latine, qui ne penseroint, et feussent ilz la
mesme Pithô déesse de persuasion, pouvoir rien dire de bon, si
n'etoit en langaige etranger et non entendu du vulgaire. Et qui
voudra de bien pres y regarder, trouvera que nostre langue francoyse n'est si pauvre qu'elle ne puysse rendre fidelement ce qu'elle

emprunte des autres; si infertile, qu'elle ne puysse produyre de soy quelque fruict de bonne invention, au moyen de l'industrie et diligence des cultiveurs d'icelle, si quelques uns se treuvent tant amys de leur pays et d'eux mesmes qu'ilz s'y veillent employer.

Mais à qui,.apres Dieu, rendrons nous graces d'un tel benefice, sinon à nostre feu bon roy et pere Francoys premier de ce nom et de toutes vertuz ? Je dy premier, d'autant qu'il a en son noble royaume premierement restitué tous les bons ars et sciences en leur ancienne dignité ; et si à nostre langaige, au paravant scabreux et mal poly, rendu elegant, et si non tant copieux, qu'il poura bien estre pour le moins fidele interprete de tous les autres. Et qu'ainsi soit, philosophes, historiens, medicins, poëtes, orateurs grecz et latins ont appris à parler francois.

Que diray-je des Hebreux ? Les saintes lettres donnent ample temoingnaige de ce que je dy. Je laisseray en cest endroict les superstitieuses raisons de ceux qui soutiennent que les mysteres de la theologie ne doyvent estre decouverts et quasi comme prophanez en langaige vulgaire, et ce que vont alleguant ceux qui sont d'opinion contraire ; car ceste disputation n'est propre à ce que j'ay entrepris, qui est seulement de montrer que nostre langue n'a point eu à sa naissance les dieux et les astres si ennemis qu'elle ne puisse un jour parvenir au poinct d'excellence et de perfection, aussi bien que les autres, entendu que toutes sciences se peuvent fidelement et copieusement traicter en icelle, comme on peut voir en si grand nombre de livres grecz et latins, voire bien italiens, espaignolz et autres, traduictz en francoys par maintes et excellentes plumes de nostre tens.

CHAPITRE **V.** — *Que les Traductions ne sont suffisantes pour donner perfection à la langue francoyse.*

Toutesfois ce tant louable labeur de traduyre ne me semble moyen unique et suffisant pour elever nostre vulgaire à l'egal et parangon des autres plus fameuses langues ; ce que je pretens prouver si clerement, que nul n'y vouldra, ce croy je, contredire, s'il n'est manifeste calumniateur de la verité.

Et premier, c'est une chose accordée entre tous les meilleurs aucteurs de rethorique, qu'il y a cinq parties de bien dire, l'invention, l'eloquution, la disposition, la memoire et la pronuntiation. Or pour autant que ces deux dernieres ne s'aprennent tant par le benefice des langues, comme elles sont données à chacun selon la felicité de sa nature, augmentées et entretenues par studieux exercice et continuelle diligence ; pour autant aussi que la disposition gist plus en la discretion et bon jugement de l'orateur qu'en certaines reigles et preceptes, veu que les evenementz du tens, la circunstance des lieux, la condition des personnes et la diversité des occasions, sont innumerables : je me contenteray de parler des deux premiers, scavoir de l'Invention et de l'Eloquution.

L'office donques de l'orateur est de chacune chose proposée elegamment et copieusement parler. Or ceste faculté de parler ainsi de toutes choses ne se peut acquerir que par l'intelligence parfaite des sciences, les queles ont eté premierement traitées par les Grecz, et puis par les Romains imitateurs d'iceux. Il fault donques necessairement que ces deux langues soint entendues de celuy qui veut acquerir cete copie et richesse d'invention, premiere et principale piece du harnoys de l'orateur. Et quand à ce poinct, les fideles traducteurs peuvent grandement servir, et soulaiger ceux qui n'ont le moyen unique de vacquer aux langues estrangeres.

Mais quand à l'Eloquution, partie certes la plus difficile et sans la quelle toutes autres choses restent comme inutiles et sembla-

bles à un glayve encores couvert de sa gayne, l'eloqution, dy je,
par la quelle principalement un orateur est jugé plus excellent,
et un genre de dire meilleur que l'autre, comme celle dont est apellée
la mesme eloquence, et dont la vertu gist aux motz propres, usitez
et non aliénes du commun usaige de parler, aux metaphores, a-
legories, comparaisons, similitudes, energies, et tant d'autres
figures et ornemens, sans les quelz tout oraison et poëme sont
nudz, manques et debiles : je ne croyray jamais qu'on puisse bien
apprendre tout cela des traducteurs, pour ce qu'il est impossible
de le rendre avecques la mesme grace dont l'autheur en a usé ;
d'autant que chacune langue a je ne scay quoy propre seulement
à elle, dont si vous efforcez exprimer le naïf en une autre langue,
observant la loy de traduyre, qui est n'espacier point hors des limites de l'aucteur, vostre diction sera contrainte, froide est [et] de
mauvaise grace. Et qu'ainsi soit, qu'on me lyse un Demosthene
et Homere latins, un Ciceron et Vergile francoys, pour voir s'ilz
vous engendreront telles affections, voire ainsi qu'un Prothée vous
transformeront en diverses sortes, comme vous sentez, lisant ces
aucteurs en leur langues : il vous semblera passey [passer] de l'ardente montaigne d'Aetne sur le froid sommet de Caucase. Et ce
que je dy des langues latine et greque, ce [se] doit reciproquement
dire de tous les vulgaires, dont j'allegueray seulement un Petrarque, duquel j'ose bien dire, que si Homere et Virgile renaissans
avoint entrepris de le traduyre, ilz ne le pouroint rendre avecques la mesme grace et naïfveté, qu'il est en son vulgaire tos-
can. Toutesfois quelques uns de notre tens ont entrepris de le
faire parler francoys.

Voyla en bref les raisons, qui m'ont fait penser que l'office et
diligence des traducteurs, autrement fort utile pour instruire les
ignorans des langues etrangeres en la congnoissance des choses,
n'est suffisante pour donner à la nostre ceste perfection, et comme
font les peintres à leur tableaux, ceste derniere main que nous
desirons. Et si les raisons que j'ay alleguées ne semblent assez
fortes, je produiray pour mes garans et deffenseurs les anciens

aucteurs romains, poëtes principalement et oraleurs, les quelz
(combien que Ciceron ait traduyt quelques livres de Xenophon et
d'Arate, et qu'Horace baille les preceptes de bien traduyre) ont
vacqué à ceste partie plus pour leur etude et profit particulier, que
pour le publier à l'amplification de leur langue, à leur gloire, et
commodité d'autruy. Si aucuns ont veu quelques œuvres de ce
tens la, soubz tiltre de traduction, j'entens de Ciceron, de Virgile, et de ce bienheureux siecle d'Auguste, ilz me pourroint
dementir de ce que je dy.

CHAPITRE VI. — *Des mauvais Traducteurs, et de ne traduyre
les poëtes.*

Mais que diray-je d'aucuns, vrayement mieux dignes d'estre
appellés traditeurs que traducteurs ? veu qu'ilz trahissent ceux
qu'ilz entreprennent exposer, les frustrant de leur gloire, et par
mesme moyen seduysent les lecteurs ignorans, leur montrant le
blanc pour le noyr ; qui, pour acquerir le nom de scavans, traduysent à credict les langues, dont jamais ilz n'ont entendu les premiers elementz, comme l'hebraïque et la grecque ; et encor' pour
myeux se faire valoir, se prennent aux poëtes, genres d'aucteurs
certes, auquel si je scavoy, ou vouloy' traduyre, je m'addroisseroy'
aussi peu, à cause de ceste divinité d'invention, qu'ilz ont plus
que les autres, de ceste grandeur de style, magnificence de motz,
gravité de sentences, audace et variété de figures, et mil' autres
lumieres de poësie, bref ceste energie, et ne scay quel esprit,
qui est en leurs escriz, que les Latins appelleroient Genius, toutes les quelles choses se peuvent autant exprimer en traduisant,
comme un peintre peut representer l'ame avec le cors de celuy
qu'il entreprend tyrer apres le naturel ?

Ce que je dy ne s'adroisse pas à ceux, qui, par le commande-
ment des princes et grands seigneurs, traduysent les plus fameux

poëtes grecz et latins, pour ce que l'obeissance qu'on doit à telz
personnaiges ne reçoit aucune excuse en cet endroit : mais bien
j'entens parler à ceux qui de gayeté de cœur (comme on dict) entreprennent telles choses legerement, et s'en aquitent de mesme.
O Apolon ! O Muses ! prophaner ainsi les sacrées reliques de l'antiquité ? Mais je n'en diray autre chose. Celuy donques qui voudra faire œuvre digne de prix en son vulgaire, laisse ce labeur
de traduyre, principalement les poëtes, à ceux qui de chose laborieuse et peu profitable, j'ose dire encor' inutile, voyre pernicieuse à l'acroissement de leur langue, emportent à bon droict
plus de molestie que de gloyre.

CHAPITRE VII. — *Comment les Romains ont enrichy leur*
langue.

Si les Romains, dira quelqu'un, n'ont vaqué à ce labeur de
traduction, par quelz moyens donques ont ilz peu ainsi enrichir
leur langue, voyre jusques à l'egaller quasi à la greque ? Immitant
les meilleurs auteurs grecz, se transformant en eux, les devorant ;
et, apres les avoir bien digerez, les convertissant en sang et nou-
riture, se proposant, chacun selon son naturel et l'argument
qu'il vouloit elire, le meilleur aucteur, dont ilz observoint diligemment toutes les plus rares et exquises vertuz, et icelles comme
grephes, ainsi que j'ai dict devant, entoint et apliquoint à leur
langue. Cela faisant, dy-je, les Romains ont baty tous ces beaux
ecriz, que nous louons et admirons si fort, egalant ores quelqu'un
d'iceux, ores le preferant aux Grecz. Et de ce que je dy font
bonne preuve Ciceron et Virgile, que voluntiers et par honneur
je nomme tousjours en la langue latine, des quelz comme l'un se
feut entierement adonné à l'immitation des Grecz, contrefist et
exprima si au vif la copie de Platon, la vehemence de Demosthene,
et la joyeuse douceur d'Isocrate, que Molon Rhodian l'oyant

quelquefois declamer, s'ecria qu'il emportoit l'eloquence grecque à Rome. L'autre immita si bien Homere, Hesiode et Théo-
crit, que depuis on a dict de luy que de ces troys il a surmonté
l'un, egalé l'autre, et aproché si pres de l'autre, que si la felicité
des argumens qu'ils ont traitez eust esté pareille, la palme seroit bien douteuse.

Je vous demande donq', vous autres qui ne vous employez
qu'aux translations, si ces tant fameux aucteurs se fussent amusez
à traduyre, eussent-ilz elevé leur langue à l'excellence et hauteur
ou nous la voyons maintenant ? Ne pensez donques, quelque diligence et industrie que vous puissiez mettre en cest endroit, faire
tant que nostre langue encores rampante à terre puisse hausser
la teste et s'elever sur piedz.

CHAPITRE **VIII.** — *D'amplifier la Langue francoyse par*
l'immitation des anciens aucteurs greez et romains.

Se compose doncq' celuy qui voudra enrichir sa langue, à l'immitation des meilleurs aucteurs grez et latins ; et à toutes leurs plus
grandes vertuz, comme à un certain but, dirrige la pointe de son
style : car il n'y a point de doute, que la plus grande part de l'artifice ne soit contenue en l'immitation ; et tout ainsi que ce feut le
plus louable aux anciens de bien inventer, aussi est-ce le plus
utile de bien immiter, mesmes à ceux dont la langue n'est encor'
bien copieuse et riche. Mais entende celuy qui voudra immiter,
que ce n'est chose facile de bien suyvre les vertuz d'un bon aucteur, et quasi comme se transformer en luy, veu que la nature
mesme aux choses qui paroissent tressemblables, n'a sceu tant
faire, que par quelque notte et difference elles ne puissent estre
discernées. Je dy cecy, pour ce qu'il y en a beaucoup en toutes
langues, qui, sans penetrer aux plus cachées et interieures parties
de l'aucteur, qu'ils se sont proposé, s'adaptent seulement au premier

regard, et s'amusant à la beauté des motz, perdent la force des choses. Et certes, comme ce n'est point chose vicieuse, mais grandement louable, emprunter d'une langue etrangere les sentences et les motz, et les approprier à la sienne : aussi est ce chose grandement à reprendre, voyre odieuse à tout lecteur de liberale nature, voir en une mesme langue une telle immitation comme celle d'aucun scavans mesmes, qui s'estiment estre des meilleurs quand plus ilz ressemblent un Heroet ou un Marot.

Je t'amonneste doncques (ò toy, qui desires l'accroissement de ta langue, et veux exceller en icelle) de non immiter à pié levé, comme n'agueres a dict quelqu'un, les plus fameux auteurs d'icelle, ainsi que font ordinairement la plus part de notz poëtes francoys, chose certes autant vicieuse, comme de nul profict à nostre vulgaire, veu que ce n'est autre chose (ò grande liberalité!) sinon luy donner ce qui estoit à luy. Je voudroy' bien que nostre langue feust si riche d'exemples domestiques que n'eussions besoing d'avoir recours aux etrangers. Mais si Virgile et Ciceron se feussent contentez d'immiter ceux de leur langue, qu'auront les Latins outre Ennie ou Lucrece, outre Crasse ou Anthoine ?

CHAPITRE IX. — *Response à quelques objections*

Apres avoir le plus succintement qu'il m'a eté possible, ouvert le chemin à ceux qui desirent l'amplification de notre langue, il me semble bon et necessaire de repondre à ceux qui l'estiment barbare et irreguliere, incapable de cete elegance et copie, qui est en la greque et romaine : d'autant, disent ilz, qu'elle n'a ses declinations, ses piez et ses nombres, comme ces deux autres langues.

Je ne veux alleguer en cet endroict (bien que je le peusse faire sans honte) la simplicité de notz majeurs, qui se sont contentez d'exprimer leurs conceptions avecques paroles nues, sans art et or-

nement, non immitans la curieuse diligence des Grecz, aux quelz la
Muse avoit donné la bouche ronde (comme dict quelqu'un) c'est
à dire parfaite en toute elegance et venusté de paroles , comme
depuis aux Romains immitateurs des Grecz : mais je diray bien
que nostre langue n'est tant irreguliere qu'on voudroit bien
dire , veu qu'elle se decline, sinon par les noms , pronoms ,
et participes, pour le moins par les verbes, en tous leurs tens, mo-
des et personnes. Et si elle n'est si curieusement reiglée, ou plus
tost liée est [et] gehinée en ses autres parties, aussi n'ha elle point
tant d'hetheroclites et anomaux, monstres etranges de la grecque
et de la latine. Quand aux piedz et aux nombres, je diray au second Livre, en quoy nous les recompensons. Et certes (comme
dict un grand auteur de rethorique, parlant de la felicité qu'ont
les Grecs en la composition de leurs motz), je ne pense que telles
choses se facent par la nature desdites langues, mais nous favori-
sons toujours les etrangers. Qui eust gardé notz ancestres de varier toutes les parties declinables, d'allonger une syllabe et ac-
coursir l'autre , et en faire des pieds ou des mains ? Et qui
gardera notz successeurs d'observer telles choses, si quelques
scavans, et non moins ingenieux de cest aage entreprennent de
les reduyre en art? comme Ciceron promettoit de faire au droict
civil : chose qui à quelques-uns a semblé impossible, aux autres
non. Il ne fault point icy alleguer l'excellence de l'antiquité : et
comme Homere se plaignoit que de son tens les cors estoint
trop petiz, dire que les espris modernes ne sont à comparer aux
anciens. L'architecture, l'art du navigaige et autres inventions
antiques certainement sont admirables , non toutefois, si on regarde à la necessité mere des ars, du tout si grandes qu'on doyve
estimer les cieux et la nature y avoir dependu toute leur vertu ,
vigueur et industrie. Je ne produiray pour temoings de ce que
je dy, l'imprimerie seur des Muses et dixieme d'elles, et ceste
non moins admirable que pernicieuse foudre d'artillerie, avecques tant d'autres non antiques inventions, qui montrent veritablement que par le long cours des siecles les espris des hommes ne

sont point si abatardiz qu'on voudroit bien dire : je dy seulement qu'il n'est pas impossible que nostre langue puisse recevoir quelquesfoys cest ornement et artifice, aussi curieux qu'il est aux Grecz est [et] Romains. Quand au son et je ne scay quelle naturelle douceur (comme ilz disent), qui est en leurs langues, je ne voy point que nous l'ayons moindre, au jugement des plus delicates oreilles. Il est bien vray que nous usons du prescript de nature, qui pour parler nous a seulement donné la langue. Nous ne vomissons pas notz paroles de l'estommac, comme les yvroingnes; nous ne les etranglons pas de la gorge, comme les grenoilles; nous ne les decoupons pas dedans le palat, comme les oyzeaux ; nous ne les siflons pas des levres, comme les serpens. Si en telles manieres de parler gist la douceur des langues, je confesse que la nostre est rude et mal sonnante. Mais aussi avons nous cest avantaige de ne tordre point le bouche en cent mile sortes comme les singes, voyre comme beaucoup mal se souvenans de Minerve, qui jouant quelquefois de la fluste, et voyant en un myroir la deformité de ses levres, la jeta bien loing, malheureuse rencontre aux presumptueux Marsye, qui depuis en feut ecorché.

Quoy donques, dira quelqu'un, veux-tu à l'exemple de ce Marsye, qui osa comparer sa fluste rustique à la douce lyre d'Apolon, egaler ta langue à la grecque et latine ? Je confesse que les aucteurs d'icelles nous ont surmontez en scavoir et facunde, és queles choses leur a eté bien facile de vaincre ceux qui ne repugnoint point. Mais, que par longue et diligente immitation de ceux qui ont occupé les premiers ce que nature n'ha pourtant denié aux autres, nous ne puissions leur succeder aussi bien en cela que nous avons deja fait en la plus grand' part de leurs ars mecaniques et quelquefois en leur monarchie, je ne le dyrai pas; car telle injure ne s'etendroit seulement contre les espris des hommes, mais contre Dieu, qui a donné pour loy inviolable à toute chose crée, de ne durer perpetuellement, mais passer sans fin d'un etat en l'autre, etant la fin et corruption de l'un, le commencement et generation de l'autre. Quelque opiniatre repliquera encores : ta langue tarde trop à recevoir ceste perfection. Et je dy que ce retardement ne prouve point qu'elle ne puisse la recevoir ; aincois je dy qu'elle se poura tenir certaine de la garder longuement, l'ayant acquise avec si longue peine, suyvant la loy de nature, qui a voulu que tout arbre qui naist, florist et fructific bien tost, bien tost aussi envieillisse et meure ; et au contraire, celuy durer par longues années, qui a longuement travaillé à jeter ses racines.

CHAPITRE X. — *Que la Langue francoyse n'est incapable de la philosophie, et pourquoy les anciens estoint plus scavans que les hommes de notre aage.*

Tout ce que j'ay dict pour la defense et illustration de notre langue, apartient principalement à ceux qui font profession de bien dire, comme les poëtes et les orateurs. Quand aux autres parties de literature, et ce rond de sciences, que les Grecz ont ont nommé Encyclopedie, j'en ay touché au commencement une partie de ce que m'en semble : c'est que l'industrie des fideles traducteurs est en cest endroict fort utile et necessaire ; et ne les doit retarder, s'ilz rencontrent quelquefois des motz qui ne peuvent estre receus en la famille francoyse, veu que les Latins ne se sont point eforcez de traduyre tous les vocables grecz, comme rhetorique, musique, arithmetique, gëometrie, phylosophie, et quasi tous les noms des sciences, les noms des figures, des herbes, des maladies, la sphere et ses parties, et generallement la plus grand' part des termes usitez aux sciences naturelles et mathematiques. Ces motz la donques seront en notre langue comme etrangers en une cité, aux quels toutesfois les periphrazes serviront de truchementz. Encores seroy' je bien d'opinion que le scavant translateur fist plus tost l'office de paraphraste que de traducteur, s'efforceant donner à toutes les sciences qu'il voudra

traiter, l'ornement et lumiere de sa langue, comme Ciceron se
vante d'avoir fait en la phylosophie, et à l'exemple des Italiens,
qui l'ont quasi toute convertie en leur vulgaire, principalement
la Platonique. Et si on veut dire que la phylosophie est un faiz
d'autres epaules que de celles de notre langue, j'ay dict au commencement de cet œuvre, et le dy encores, que toutes langues
sont d'une mesme valeur, et des mortelz à une mesme fin, d'un
mesme jugement formées. Parquoy ainsi comme sans muer de
coutumes ou de nation, le Francoys et l'Alemant, non seulement
le Grec ou Romain, se peut donner à phylosopher : aussi je croy
qu'à un chacun sa langue puysse competemment communiquer
toute doctrine.

Donques si la phylosophie semée par Aristote et Platon au fertile champ atique etoit replantée en notre pleine francoyse,
ce ne seroit la jeter entre les ronces et espines, ou elle devint
sterile ; mais ce seroit la faire de loingtaine, prochaine, et d'etrangere, citadine de notre republique. Et paravanture ainsi que les
episseries et autres richesses orientales que l'Inde nous envoye,
sont mieulx congnues et traitées de nous, et en plus grand prix
qu'en l'endroict de ceux qui les sement ou recueillent : semblablement les speculations phylosophiques deviendroient plus familieres qu'elles ne sont ores, et plus facilement seroient entendues
de nous, si quelque scavant homme les avoit transportés de grec
et latin en notre vulgaire, que de ceux qui les vont (s'il fault
ainsi parler) cueillir aux lieux ou elles croissent.

Et si on veut dire que diverses langues sont aptes à signifier
diverses conceptions, aucunes les conceptions des doctes, autres
celles des indoctes ; et que la grecque principalement convient si
bien avecques les doctrines, que pour les exprimer il semble
qu'elle ait eté formée de la mesme nature, non de l'humaine
providence : je dy qu'icelle nature, qui en tout aage, en toute
province, en toute habitude, est tousjours une mesme chose, ainsi
comme voluntiers elle s'exerce son art par tout le monde, non
moins en la terre qu'au ciel, et pour estre ententive à la produc-

tion des creatures raisonnables, n'oublie pourtant les iraisonnables, mais avecques un egal artifice engendre cetes cy et celles la : aussi est elle digne d'estre congnue et louée de toutes personnes et en toutes langues. Les oyzeaux, les poissons et les bestes terrestres de quelquonque maniere, ores avecques un son, ores avecques l'autre, sans distinction de paroles, signifient leurs affections : beaucoup plus tost nous hommes devrions faire le semblable, chacun avecques sa langue, sans avoir recours aux autres. Les ecritures et langaiges ont eté trouvez, non pour la conservation de la nature, la quelle (comme divine qu'elle est) n'a mestier de nostre ayde : mais seulement à nostre bien et utilité, affin que presens, absens, vyfs et mors, manifestans l'un à l'autre le secret de notz cœurs, plus facilement parvenions à notre propre felicité, qui gist en l'intelligence des sciences, non point au son des paroles : et par consequent celles langues et celles ecritures devroint plus estre en usaige, les queles on apprendroit plus facilement.

Las! et combien seroit meilleur qu'il y eust au monde un seul langaige naturel, que d'employer tant d'années pour apprendre des motz! et ce jusques à l'aage bien souvent que nous n'avons plus ny le moyen, ny le loisir de vaquer à plus grandes choses. Et certes songeant beaucoup de foys d'ou provient que les hommes de ce siecle generalement sont moins scavans en toutes sciences et de moindre prix que les anciens, entre beaucoup de raysons je treuve cete-cy, que j'oseroy' dire la principale, c'est l'etude des langues greque et latine. Car si le tens que nous consumons à apprendre les dites langues estoit employé à l'etude des sciences, la nature certes n'est point devenuë si brehaigne, qu'elle n'enfentast de nostre tens des Platons et des Aristotes. Mais nous, qui ordinairement affectons plus d'estre veuz scavans que de l'estre, ne consumons pas seulement nostre jeunesse en ce vain exercice, mais comme nous repentans d'avoir laissé le berseau et d'estre devenuz hommes, retournons encor' en enfance, et par l'espace de xx ou xxx ans ne faisons autre

chose qu'apprendre à parler, qui grec, qui latin, qui hebreu. Les
quelz ans finiz, et finie avecques eux ceste vigueur et promptitude,
qui naturellement regne en l'esprit des jeunes hommes, alors
nous procurons estre faictz phylosophes, quand pour les maladies,
troubles d'afaires domestiques, et autres empeschementz qu'a-
meine le tens, nous ne sommes plus aptes à la speculation des
choses. Et bien souvent etonnez de la difficulté et l'ongueur
[longueur] d'apprendre des motz seulement, nous laissons tout
par desespoir, et hayons les lettres premier que nous les ayons
goutées, ou commencé à les aymer.

Faut il donques laisser l'etude des langues ? Non : d'autant
que les ars et sciences sont pour le present entre les mains des
Grecz et Latins. Mais il se devroit faire à l'avenir qu'on peust
parler de toute chose par tout le monde et en toute langue. J'entens bien que les proffesseurs des langues ne seront pas de mon
opinion, encores moins ces venerables Druydes, qui pour l'ambicieux desir qu'ilz ont, d'estre entre nous ce qu'estoit le philosophe Anacharsis entre les Schytes, ne craignent rien tant que le
secret de leurs mysteres, qu'il fault apprendre d'eux, non autrement que jadis les jours des Chaldées, soit decouvert au vulgaire, et qu'on ne creve (comme dict Ciceron) les yeux des cor-
neilles. A ce propos, il me souvient avoir ouy dire maintesfois à
quelques uns de leur academie, que le roy Francoys (je dy celuy
Francoys, à qui la France de doit moins qu'à Auguste Romme),
avoit deshonoré les sciences, et laissé les doctes en mespris. O
tens ! ô mœurs ! ô crasse ignorance ! n'entendre point que tout
ainsi qu'un mal, quand il s'etent plus loing est d'autant plus per-
nicieux, aussi est un bien plus profitable, quand plus il est commun ! Et s'ilz veulent dire (comme aussi disent ilz) que d'autant
est un tel bien moins excellent et admirable entre les hommes,
je repondray qu'un si grand appetit de gloire et une telle envie
[ne] devroit regner aux coulomnes de la republique chrestienne,
mais bien en ce roy ambicieux, qui se plaignoit à son maistre
pource qu'il avait divulgué les sciences acroamatiques, c'est à dire,

7

qui ne se peuvent apprendre que par l'audition du precepteur. Mais quoy ? ces geans ennemis du ciel, veulent ilz limiter la puissance des dieux , et ce qu'ilz ont par un singulier benefice donné aux hommes, restreindre et enserrer en la main de ceux qui n'en scauroient faire bonne garde ? Il me souvient de ces reliques, qu'on voit seulement par une petite vitre, et qu'il n'est permis toucher avecques la main. Ainsi veullent ilz faire de toutes les disciplines, qu'ilz tiennent enfermées dedans les livres greczs et latins, ne permettant qu'on les puisse voir autrement, ou les transporter de ces paroles mortes en celles qui sont vives et volent ordinairement par les bouches des hommes.

J'ay (ce me semble) deu assez contenter ceux qui disent que nostre vulgaire est trop vil et barbare pour traiter si hautes matieres que la philosophie. Et s'ilz n'en sont encores bien satisfaiz, je leur demanderay pourquoy donques ont voyaigé les anciens Grecz par tant de païz et dangers, les uns aux Indes pour voir les Gymnosophistes, les autres en Egypte pour emprunter de ces vieux prestres et prophetes ces grandes richesses, dont la Grece est maintenant si superbe ? Et toutesfois ces nations, ou la phylosophie a si voluntiers habité , produysoint (ce croy-je) des personnes aussi barbares et inhumaines que nous sommes, et des paroles aussi etranges que les nostres. Bien peu me soucyroy-je de l'elegance d'oraison qui est en Platon et en Aristote, si leurs livres sans rayson etoint ecriz. La phylosophie vrayement les a adoptez pour ses filz, non pour estre nez en Grece, mais pour avoir d'un hault sens bien parlé et bien ecrit d'elle. La verité si bien par eux cherchée, la disposition et l'ordre des choses, la sententieuse breveté de l'un et la divine copie de l'autre est propre à eux, et non à autres; mais la nature, dont ils ont si bien parlé, est mere de tous les autres, et ne dedaigne point se faire congnoitre à ceux qui procurent avecques toute industrie entendre ses secrets, non pour devenir Grecz, mais pour estre faiz phylosophes.

Vray est que pour avoir les ars et sciences tousjours eté en

la puissance des Grecz et Romains, plus studieux de ce qui peut
rendre les hommes immortelz que les autres, nous croyons que
par eux seulement elles puyssent et doyvent estre traictées. Mais
le tens viendra paraventure (et je suplye au Dieu tresbon et
tresgrand que ce soit de nostre aage) que quelque bonne personne, non moins hardie qu'ingenieuse et scavante, non ambicieuse, non craignant l'envie ou hayne d'aucun, nous otera cete
faulse persuasion donnant à notre langue la fleur et le fruict des
bonnes lettres; autrement si l'affection, que nous portons aux
langues etrangeres (quelque excellence qui soit en elles), empes-
choit cete notre si grande felicité, elles seroint dignes veritablement non d'envie mais de hayne, non de fatigue mais de fas-
cherie; elles seroint dignes finalement d'estre non apprises,
mais reprises de ceux qui ont plus de besoing du vif intellect de
l'esprit que du son des paroles mortes.

Voyla quand aux disciplines. Je reviens aux poëtes et orateurs,
principal object de la matiere que je traite, qui est l'ornement
et illustration de notre langue.

CHAPITRE XI. — *Qu'il est impossible d'egaler les anciens en
leurs langues.*

Toutes personnes de bon esprit entendront assez que cela,
que j'ai dict pour la deffense de nostre langue, n'est pour de-
couraiger aucun de greque et latine: car tant s'en fault que je
soye de cete opinion, que je confesse et soustiens celuy ne pouvoir faire œuvre excellent en son vulgaire, qui soit ignorant de
ces deux langues, ou qui n'entende la latine pour le moins. Mais
je seroy' bien d'avis qu'apres les avoir apprises, on ne depri-
sast la sienne, et que celuy qui par une inclination naturelle (ce
qu'on peut juger par les œuvres latines et thoscanes de Petrarque
et Boccace, voire d'aucuns scavans hommes de nostre tens) se

sentiroit plus propre à ecrire en sa langue qu'en grec ou en latin, s'etudiast plus tost à se rendre immortel entre les siens. ecrivant bien en son vulgaire, que, mal ecrivant en ces deux autres langues, estre vil aux doctes pareillement et aux indoctes. Mais s'il s'en trouvoit encores quelques uns de ceux, qui de simples paroles font tout leur art et science, en sorte que nommer la langue greque et latine, leur semble parler d'une langue divine, et parler de la vulgaire, nommer une langue inhumaine, incapable de toute erudition, s'il s'en trouvoit de telz, dy je, qui voulussent faire des braves, et depriser toutes choses ecrites en francoys, je leur demanderoy' voluntiers en ceste sorte: Que pensent donq' faire ces reblanchisseurs de murailles, qui jour et nuyt se rompent la teste à immiter: que dy je immiter? mais transcrire un Virgile et un Ciceron? batissant leurs poëmes des hemystyches de l'un, et jurant en leurs proses aux motz et sentences de l'autre, songeant (comme a dict quelqu'un) des peres conscriptz, des consuls, des tribuns, des comices, et toute l'antique Rome, non autrement qu'Homere, qui en sa Batracomyomachie adapte aux raz et grenouilles les magnifiques tiltres des dieux et déesses. Ceux la certes meritent bien la punition de celuy, qui ravy au tribunal du grand Juge, repondit qu'il etoit ciceronien. Pensent-ilz doncq' je ne dy egaler, mais approcher seulement de ces aucteurs, en leurs langues? recuillant de cet orateur et de ce poëte ores un nom, ores un verbe, ores un vers, et ores une sentence: comme si en la façon qu'on rebatist un vieil edifice, il s'attendoint rendre par ces pierres ramassées à la ruynée fabrique de ces langues, sa premiere grandeur et excellence.

Mais vous ne serez ja si bons massons (vous qui estes si grands zelateurs des langues greque et latine) que leur puissiez rendre celle forme, que leur donnarent premierement ces bons et excellens architectes; et si vous esperez (comme fist Esculape des membres d'Hippolyte) que par ces fragmentz recuilliz, elles puyssent estre resuscitées, vous vous abusez, ne pensant point qu'à la cheute de si superbes edifices conjointe à la ruyne fatale de ces

deux puissantes monarchies, une partie devint poudre, et l'autre
doit estre en beaucoup de pieces, les queles vouloir reduire en
un seroit chose impossible : outre que beaucoup d'autres parties
sont demeurées aux fondementz des vieilles murailles, ou egarées
par le long cours des siecles, ne se peuvent trouver d'aucun. Par_
quoy venant à redifier cete fabrique, vous serez bien loing de luy
restituer sa premiere grandeur, quand, ou souloit estre la sale,
vous ferez paraventure les chambres, les etables ou la cuysine,
confundant les portes et les fenestres, bref changeant toute la
forme de l'edifice. Finablement j'estimeroy' l'art pouvoir exprí-
mer la vive energie de la nature, si vous pouviez rendre cete fabrique renouvelée semblable à l'antique, etant manque l'idée,
de la quele faudroit tyrer l'exemple pour la redifier. Et ce (afin
d'exposer plus clerement ce que j'ay dict) d'autant que les anciens usoint des langues, qu'ilz avoint succées avecques le laict de
la nourice, et aussi bien parloint les indoctes comme les doctes, sinon que ceux cy aprenoint les disciplines et l'art de bien
dire, se rendant par ce moyen plus eloquens que les autres. Voyla
pourquoy leurs bien heureux siecles etoint si fertiles de bons
poëtes et orateurs. Voyla pourquoy les femmes mesmes aspi-
roint à ceste gloire d'eloquence et erudition, comme Sapho,
Corynne, Cornelie, et un milier d'autres, dont les noms sont con-
joings avecques la memoire des Grecz et Romains.

Ne pensez donques immitateurs, troupeau servil, parvenir au
point de leur excellence, veu qu'à grand' peine avez vous appris
leurs motz, et voyla le meilleur de votre aage passé. Vous de-
prisez nostre vulgaire, paraventure non pour autre raison, sinon
que des enfance et sans etude nous l'apprenons, les autres avecques
grand peine et industrie. Que s'il etoit, comme la greque et
latine, pery et mis en reliquaire de livres, je ne doute point qu' l
ne feust (ou peu s'en faudroit) aussi dificile à apprendre comme
elles sont. J'ay bien voulu dire ce mot, pour ce que la curiosité
humaine admire trop plus les choses rares et difficiles à trouver,
bien qu'elles ne soint si commodes pour l'usaige de la vie, comme

les odeurs et les gemmes, que les communes et necessaires, comme
le pain et le vin. Je ne voy pourtant qu'on doyve estimer une langue plus excellente que l'autre seulement pour estre plus difficile, si on ne vouloit dire que Lycophron feust plus excellent
qu'Homere, pour estre plus obscur, et Lucrece que Virgile, pour
ceste mesme raison.

CHAPITRE XII. — *Deffence de l'aucteur.*

Ceux qui penseront que je soye trop grand admirateur de ma
langue, aillent voir le premier livre des Fins des Biens et des
Maulx, fait par ce pere d'eloquence latine Ciceron, qui au commencement dudict livre, entre autres choses, repond à ceux qui
deprisoint les choses ecrites en latin et les aymoint myeux
lire en grec. La conclusion du propos est, qu'il estime la langue
latine non seulement n'estre pauvre, comme les Romains esti-
moyent lors, mais encor' estre plus riche que la greque. Quel
ornement, dit il, d'orayson copieuse ou elegante, a defailly, je
diray à nous, ou aux bons orateurs, ou aux poëtes, depuis qu'ilz
ont eu quelqu'un qu'ils peussent immiter ? Je ne veux pas donner
si hault los à notre langue, pour ce qu'elle n'a point encores ses
Cicerons et Virgiles ; mais j'ose bien asseurer que si les scavans
hommes de notre nation la daignoint autant estimer que les
Romains faisoint la leur, elle pouroit quelquesfoys, et bien tost,
se mettre au ranc des plus fameuses.

Il est tens de clore ce pas, afin de toucher particulierement les
principaux poinctz de l'amplification et ornement de notre langue.
En quoy, lecteur, ne t'ebahis, si je ne parle de l'orateur comme
du poëte; car outre que les vertus de l'un sont pour la plus
grand' part communes à l'autre, je n'ignore point qu'Etienne
Dolet, homme de bon jugement en notre vulgaire, a formé l'Orateur francoys, que quelqu'un, peut estre, amy de la memoire de
l'auteur et de la France, mettra de bref et fidelement en lumiere.

Fin du premier Livre de la deffense et illustration
de la langue francoyse.

LA DEFENSE ET ILLUSTRATION

DE

LA LANGUE FRANCOYSE.

LIVRE SECOND.

CHAPITRE Iᵉʳ. — *De l'Intention de l'aucteur.*

Pour ce que le poëte et l'orateur sont comme les deux piliers qui soutiennent l'edifice de chacune langue, laissant celuy que j'entens avoir eté baty par les autres, j'ay bien voulu, pour le devoir en quoy je suys obligé à la patrie, tellement quellement ebaucher celuy qui restoit, esperant que par moy, ou par une plus docte main, il poura recevoir sa perfection. Or ne veux-je, en ce faisant, feindre comme une certaine figure de poëte, qu'on ne puisse ny des yeux, ny des oreilles, ny d'aucun sens apercevoir, mais comprendre seulement de la cogitation et de la pensée (1) : comme ces idées, que Platon constituoit en toutes choses, auxqueles, ainsi qu'à une certaine espece imaginative, se refere tout ce qu'on peut voir (2). Cela certainement est de trop plus grand sçavoir et loysir que le mien; et penseray avoir beaucoup merité des

_____

(1) Quod neque oculis, neque auribus, neque ullo sensu percipi potest, cogitatione tantum et mente complectimur. CICERO, *Orator.*, c. 1.

(2) Cujus ad cogitatam speciem referuntur ea quæ sub oculos ipsa cadunt. *Ibid.*

miens, si je leur montre seulement avecques le doy le chemin qu'ilz doyvent suyvre pour attaindre à l'excellence des anciens , ou quelque autre peut estre, incité par nostre petit labeur, les conduyra avecques la main.

Mettons donc pour le commencement ce que nous avons, ce me semble, assez prouvé au I livre : c'est que sans l'imitation des Grecz et Romains, nous ne pouvons donner à notre langue l'excellence et lumiere des autres plus fameuses. Je scay que beaucoup me reprendront , qui ay osé le premier des François introduire quasi comme une nouvelle poësie, ou ne se tiendront plainement satisfaictz tant pour la breveté, dont j'ay voulu user, que pour la diversité des espris, dont les uns treuvent bon ce que les autres treuvent mauvais. Marot me plaist, dit quelqu'un, pour ce qu'il est facile et ne s'eloingne point de la commune maniere de parler; Heroet , dit quelque autre, pour ce que tous ses vers sont doctes, graves et elabourez; les autres d'un autre se delectent. Qu'and [quand] à moy, telle superstition ne m'a point retiré de mon entreprinse , pour ce que j'ay tousjours estimé notre poësie francoyse estre capable de quelque plus hault et meilleur style que celuy dont nous sommes si longuement contentez. Disons donques brevement ce que nous semble de notz poëtes francoys.

CHAPITRE II. — *Des Poëtes francoys.*

De tous les anciens poëtes francoys, quasi un seul Guillaume du Lauris, et Jan de Meun, sont dignes d'estre leuz, non tant pour ce qu'il y ait en eux beaucoup de choses, qui se doyvent immiter des modernes, comme pour y voir quasi comme une premiere imaige de la langue francoyse, venerable pour son antiquité. Je ne doute point que tous les peres cryroint la honte estre perdue, si j'osoy' reprendre ou emender quelque chose en ceux que jeunes ilz ont appris ; ce que je ne veux faire aussi. Mais bien soutiens-je que celuy est trop grand admirateur de l'ancienneté, qui veut defrauder les jeunes de leur gloire meritée, n'estimant rien comme dict Horace, sinon ce que la mort a sacré : comme si le tens, ainsi que les vins, rendoit les poësies meilleures. Les plus recens mesmes ceux qui ont esté nommez par Clement Marot en un certain epygramme à Salel, sont assez congneuz par leurs œuvres. J'y renvoye les lecteurs pour en faire jugement. Bien dyrai-je que Jan le Maire de Belges me semble avoir premier illustré et les Gaules et la langue francoyse, luy donnant beaucoup de mots et manieres de parler poëtiques, qui ont bien servy mesmes aux plus excellens de notre tens. Quand aux modernes, ilz seront quelquesfoys assez nommez; et si j'en vouloy' parler, ce seroit seulement pour faire changer d'opinion à quelques uns, ou trop iniques, ou trop severes estimateurs des choses, qui tous les jours treuvent à reprendre en troys ou quatre des meilleurs, disant, qu'en l'un default ce qui est le commencement de bien ecrire, c'est le scavoir, et auroit augmenté sa gloire de la moitié, si de la moitié il eust diminué son livre. L'autre, outre sa ryme, qui n'est par tout bien riche, est tant denué de tous ces delices et ornementz poëtiques, qu'il merite plus le nom de phylosophe que de poëte. Un autre, pour n'avoir encores rien mis en lumiere soubz son nom, ne merite qu'on luy donne le premier lieu : et semble (disent aucuns) que par les ecriz de ceux de son tens, il veille eternizer son nom, non autrement que Demade est ennobly par la contention de Demosthene, et Hortense de Ciceron. Que si on en vouloit faire jugement au seul rapport de la renommée, on rendroit les vices d'iceluy egaulx, voyre plus grand que ses vertuz, d'autant que tous les jours se lysent nouveaux ecriz soubz son nom, à mon avis aussi eloignez d'aucunes choses, qu'on m'a quelquesfois asseuré estre de luy, comme en eux n'y a ny grace, ny erudition. Quelque autre voulant trop s'eloigner du vulgaire, est tumbé en obscurité aussi difficile à eclersir en ses ecriz aux plus scavans, comme aux plus ignares.

Voyla une partie de ce que j'oy dire en beaucoup de lieux des
meilleurs de notre langue. Que pleust à Dieu le naturel d'un
chacun estre aussi candide à louer les vertuz, comme diligent à
observer les vices d'autruy. La tourbe de ceux (hors mis cinq ou
six) qui suivent les principaux, comme port'enseignes, est si
mal instruicte de toutes choses, que par leur moyen nostre vulgaire n'a garde d'etendre gueres loing les bornes de son empire.
Et si j'etoy' du nombre de ces anciens critiques juges des poëmes,
comme un Aristarque et Aristophane, ou (s'il fault ainsi parler)
un sergent de bande en notre langue francoyse, j'en mettroy'
beaucoup hors de la bataille, si mal armez que, se fiant en eux,
nous serions trop eloingnez de la victoire ou nous devons aspirer.

Je ne doute point que beaucoup, principalement de ceux qui
sont accommodez à l'opinion vulgaire, et dont les tendres oreilles
ne peuvent rien souffrir au desavantaige de ceux qu'ilz ont desja
receuz comme oracles, trouverront mauvais de ce que j'ose si librement parler, et quasi comme juge souverain prononcer de notz
poëtes francoys; mais si j'ai dict bien ou mal, je m'en rapporte
à ceux qui sont plus amis de la vérité que de Platon ou Socrate,
et ne sont imitateurs des Pytagoriques, qui, pour toutes raisons,
n'alleguoint sinon, cetuy la l'a dit.

Quand à moy, si j'etoy' enquis de ce que me semble de notz
meilleurs poëtes francoys, je diroy' à l'exemple des Stoïques, qui
interroguez si Zenon, si Cleante, si Chrysippe sont saiges, re-
pondent ceulx-la certainement avoir eté grands et venerables,
n'avoir eu toutefois ce qui est le plus excellent en la nature de
l'homme : je respondroy', dy-je, qu'ilz ont bien ecrit, qu'ilz ont
illustré notre langue, que la France leur est obligée ; mais aussi
diroy-je bien qu'on pouroit trouver en notre langue (si quelque
scavant homme y vouloit mettre la main) une forme de poësie
beaucoup plus exquise, la quele il faudroit chercher en ces vieux
Grecz et Latins, non point és aucteurs francoys, pource qu'en
ceux-cy on ne scauroit prendre que bien peu, comme la peau
et la couleur, en ceux la on peut prendre la chair, les oz, les

nerfz, et le sang. Et si quelqu'un, mal aysé à contenter, ne vouloit prendre ces raisons en payement, je diray (afin de n'estre veu examiner les choses si rigoreusement sans cause) qu' aux autres ars et sciences la mediocrité peut meriter quelque louange, mais aux poëtes ny les dieux, ny les hommes, ny les coulonnes n'ont point concedé estre mediocres (1), suyvant l'opinion d'Horace, que je ne puis assez souvent nommer, pour ce qu'és choses que je traicte, il me semble avoir le cerveau myeux purgé et le nez meilleur que les autres. Au fort, comme Demosthene repondit quelquefois à Echines, qui l'avoit repris de ce qu'il usoit de motz apres et rudes, de telles choses ne dependre les fortunes de Grece (2). aussi diray-je, si quelqu'un se fache de quoy je parle si librement, que de la ne dependent les victoires du roy Henry, à qui Dieu veille donner la felicité d'Auguste et la bonté de Traian.

J'ai bien voulu, lecteur studieux de la langue françoyse, demeurer longuement en cete partie, qui te semblera, peut estre, contraire à ce que j'ay promis, veu que je ne prise assez haultement ceux qui tiennent le premier lieu en nostre vulgaire, qui avoy' entrepris de le louer et deffendre : toutesfoys je croy que tu ne le trouveras point etrange, si tu consideres que je ne le puis mieux defendre, qu'atribuant la pauvreté d'iceluy, non à son propre et naturel, mais à la negligence de ceux qui en ont pris

---

(1)   . . « Certis medium et tolerabile rebus
Recte concedi. . . . .
Sed tamen in pretio est. Mediocribus esse poetis
Non Di, non homines, non concessere columnæ. »

Horat., De Art. poet., v. 368-373.

(2) « Reprehendit Æschines quædam (verba) et exagitat ; illudensque, dira, odiosa, intolerabilia esse dicit. — Itaque se purgans jocatur Demosthenes ; negat in eo positas esse fortunas Græciæ : hoc an illo verbo usus sit, huc an illuc manum porrexerit. »

Cicero, Orator., cap. IV.

le gouvernement, et ne te puis mieux persuader d'y ecrire, qu'en te montrant le moyen de l'enrichir et illustrer, qui est l'imitation des Grecz et Romains.

CHAP. III. — *Que le Naturel n'est suffisant à celuy qui en poësie veult faire œuvre digne de l'immortalité.*

Mais pour ce qu'en toutes langues y en a de bons et de mauvais, je ne veux pas, lecteur, que sans election et jugement tu te prennes au premier venu. Il vauldroit beaucoup mieux ecrire sans immitation, que ressembler un mauvais aucteur : veu mesmes que c'est chose accordée entre les plus scauans, le naturel faire plus sans la doctrine, que la doctrine sans le naturel. Toutesfois d'autant que l'amplification de nostre langue (qui est ce que je traite) ne se peut faire sans doctrine et sans erudition, je veux bien advertir ceux qui aspirent à ceste gloire, d'immiter les bons aucteurs grecz et romains, voire bien italiens, hespagnolz et autres ; ou du tout n'ecrire point, sinon à soy, comme on dit, et à ses muses. Qu'on ne m'allegue point icy quelques uns des nostres, qui sans doctrine, à tout le moins non autre que mediocre, ont acquis grand bruyt en nostre vulgaire. Ceux qui admirent voluntiers les petites choses, et deprisent ce qui excede leur jugement, en feront tel cas qu'ilz voudront : mais je scay bien que les scavans ne les mettront en autre ranc que de ceux qui parlent bien francoys, et qui ont (comme disoit Ciceron des anciens aucteurs romains) bon esprit, mais bien peu d'artifice. Qu'on ne m'allegue point aussi que les poëtes naissent, car cela s'entend de ceste ardeur et allegresse d'esprit, qui naturellement excite les poëtes, et sans la quele toute doctrine leur seroit manque et inutile. Certainement ce seroit chose trop facile, et pourtant contemptible, se faire eternel par renommée, si la felicité de nature donnée mesmes aux plus indoctes, etoit suffisante pour faire chose digne de l'immortalité. Qui veut voler par les mains et bouches des hommes, doit longuement demeurer en sa chambre, et qui desire vivre en la mémoire de la postérité, doit comme mort en soymesmes, suer et trembler maintes fois, et autant que notz poëtes courtizans boyvent, mangent et dorment à leur oyse, endurer de faim, de soif, et de longues vigiles. Ce sont les esles dont les ecriz des hommes volent au ciel.

Mais afin que je retourne au commencement de ce propos, regarde nostre immitateur premierement ceux qu'il voudra immiter, et ce qu'en eux il poura, et qui se doit immiter, pour ne faire comme ceux, qui voulans aparoitre semblables à quelque grand seigneur, immiteront plus tost un petit geste et facon de faire vicieuse de luy, que ses vertuz et bonnes graces. Avant toutes choses, fault qu'il ait ce jugement de cognoitre ses forces, et tenter combien ses epaules peuvent porter (1), qu'il fonde [sonde] diligemment son naturel, et se compose à l'immitation de celuy dont il se sentira approcher de plus pres : autrement son immitation ressembleroit celle du singe.

CHAP. IV. *Quelz genres de Poëmes doit elire le poëte francoys.*

Ly donques et rely premierement, ò poëte futur, fueillette de main nocturne et journelle les exemplaires grecz et latins (2), puis me laisse toutes ces vieilles poësies francoyses aux Jeuz Flo-

(1)   « Sumite materiam vestris qui scribitis æquam
          Viribus, et versate diù quid ferre recusent,
          Quid valeant humeri. »
                              HORAT., *De Art. poet.*, v. 38-40.
(2)   « Vos exemplaria græca
          Nocturna versate man ', versate diurna. »
                              Ibid., v. 268-269.

raux de Thoulouze et au Puy de Rouan : comme Rondeaux, Ballades, Vyrelaiz, Chantz Royaulx, Chansons, et autres telles episseries, qui corrumpent le goust de nostre langue, et ne servent si non à porter temoingnaige de notre ignorance. Jéte toy à ces plaisans Epigrammes, non point comme font aujourd'huy un tas de faiseurs de contes nouveaux, qui en un dizain sont contens n'avoir rien dict qui vaille aux IX premiers vers, pourveu qu'au dixiesme il y ait le petit mot pour rire : mais à l'immitation d'un Martial, ou de quelque autre bien approuvé, si la lascivité ne te plaist, mesle le profitable avecques le doulz. Distile avecques un style coulant et non scabreux ces pitoyables elegies, à l'exemple d'un Ovide, d'un Tibule et d'un Properce, y entremeslant quelquesfois de ces fables anciennes, non petit ornement de poësie. Chante moy ces Odes, incongnues encor' de la muse francoyse, d'un luc bien accordé au son de la lyre greque et romaine, et qu'il n'y ait vers, ou n'aparoisse quelque vestige de rare et antique erudition. Et quand à ce, te fourniront de matiere les louanges des dieux et des hommes vertueux, le discours fatal des choses mondaines, la solicitute des jeunes hommes, comme l'amour, les vins libres, et toute bonne chere (1). Sur toutes choses, prens garde que ce genre de poëme soit eloingné du vulgaire, enrichy et illustré de motz propres et epithetes non oysifz, orné de graves sentences, et varié de toutes manieres de couleurs et ornementz poëtiques, non comme un : Laissez la verde couleur, Amour avecques Psyches, O combien est heureuse, et autres telz ouvraiges, mieux dignes d'estre nommez chansons vulgaires, qu'odes ou vers lyriques.

Quand aux Epistres, ce n'est un poëme qui puisse grandement enrichir nostre vulgaire, pource qu'elles sont voluntiers de cho-

---

(1)   Musa dedit fidibus Divos, puerosque Deorum,

. . . .

Et juvenum curas, et libera vina referre.

Horat. De Art. poct., v. 83-85.

ses familieres et domestiques, si tu ne les voulois faire à l'immitation d'Elegies comme Ovide, ou sentencieuses et graves, comme
Horace. Autant te dy-je des Satyres, que les Francoys, je ne scay
comment, ont apellées Coqz à l'Asne ; es quelz je te conseille aussi
peu t'exercer, comme je te veux estre aliene de mal dire, si tu
ne voulois, à l'exemple des anciens, en vers heroïques (c'est à
dire de X à XI, et non seulement de VIII à IX) soubz le
nom de Satyre, et non de cete inepte appellation de Coq à l'Asne,
taxer modestement les vices de ton tens, et pardonner aux noms
des personnes vicieuses. Tu has pour cecy Horace, qui, selon Quin-
tilian, tient le premier lieu entre les satyriques. Sonne moy ces
beaux Sonnets, non moins docte que plaisante invention italienne,
conforme de nom à l'Ode, et differente d'elle seulement pour ce
que le Sonnet a certains vers reiglez et limitez, et l'Ode peut courir par toutes manieres de vers librement, voyre en inventer à
plaisir à l'exemple d'Horace, qui a chanté en XIX sortes
de vers, comme disent les grammairiens. Pour le Sonnet donques
tu as Petrarque et quelques modernes Italiens.

Chante moy d'une musette bien resonnante et d'une fluste bien
jointe ces plaisantes Ecclogues rustiques, à l'exemple de Thëocrit
et de Virgile, Marines, à l'exemple de Sennezar gentil homme
nëapolitain. Que pleust aux Muses, qu'en toutes les especes de
poësie, que j'ay nommées, nous eussions beaucoup de telles immi-
tations qu'est cete Ecclogue sur la naissance du filz de Monsei-
gneur le Dauphin, à mon gré un des meilleurs petiz ouvraiges
que fict onques Marot. Adopte moy aussi en la famille françoyse
ces coulans et mignars Hendecasyllables, à l'exemple d'un Catulle,
d'un Pontan et d'un Second : ce que tu pouras faire, sinon en
quantité, pour le moins en nombre de syllabes. Quand aux Co-
medies et Tragedies, si les roys et les republiques les vouloint restituer en leur ancienne dignité, qu'ont usurpée les Farces et
Moralitez, je seroy' bien d'opinion que tu t'y employasses, et si
tu le veux faire pour l'ornement de ta langue, tu scais ou tu en
doibs trouver les archetypes.

CHAP. V. — *Du long Poëme francoys.*

Donques, ò toy, qui doué d'une excellente felicité de nature,
instruict de tous bons ars et sciences, principalement naturelles
et mathematiques, versé en tous genres de bons aucteurs grecz
et latins, non ignorant des parties et offices de la vie humaine,
non de trop haulte condition, ou appellé au regime publiq', non
aussi abject et pauvre, non troublé d'afaires domestiques, mais
en repos et tranquilité d'esprit, acquise premierement par la
magnanimité de ton couraige, puis entretenue par ta prudence
et saige gouvernement, ò toy, dy-je, orné de tant de graces et
perfections, si tu as quelquefois pitié de ton pauvre langaige, si
tu daignes l'enrichir de tes thesors, ce sera toy veritablement qui
lui feras hausser la teste, et d'un brave sourcil s'egaler aux superbes langues greque et latine, comme a fait de nostre tens en
son vulgaire un Arioste italien, que j'oseroy' (n'estoit la saincte-
teté des vieulx poëmes) comparer à un Homere et Virgile. Comme
luy donq', qui a bien voulu emprunter de nostre langue les noms
et l'hystoire de son poëme, choysi moy quelque un de ces beaux
vieulx romans francoys, comme un Lancelot, un Tristan, ou autres, et en fay renaitre au monde un admirable Iliade et laborieuse Eneïde. Je veux bien en passant dire un mot à ceulx qui
ne s'employent qu'à orner et amplifier notz Romans, et en font
des livres, certainement en beau et fluide langaige, mais beaucoup
plus propre à bien entretenir damoizelles qu'à doctement ecrire :
je voudroy' bien, dy-je, les avertir d'employer ceste grande eloquence à recuillir ces fragmentz de vieilles Chroniques francoyses,
et comme a fait Tite Live des Annales et autres anciennes chroniques romaines, en batir le cors entier d'une belle histoire, y
entremeslant a propos ces belles concions et harangues, à l'immitation de celuy que je viens de nommer, de Thucidide, Saluste,
ou quelque autre bien approuvé, selon le genre d'ecrire ou ilz se
sentiroint propres. Tel œuvre certainement seroit à leur immor-

telle gloire, honneur de la France et grande illustration de nostre langue.

Pour reprendre le propos que j'avoy' laissé : quelqu'un, peut estre, trouverra etrange que je requiere une si exacte perfection en celuy qui voudra faire un long poëme, veu aussi qu'à peine se trouverroint, encores qu'ilz feussent instruictz de toutes ces choses, qui voulussent entreprendre un œuvre de si laborieuse longueur et quasi de la vie d'un homme. Il semblera à quelque autre que, voulant bailler les moyens d'enrichir nostre langue, je face le contraire, d'autant que je retarde plus tost, et refroidis l'etude de ceux qui etoint bien affectionnez à leur vulgaire, que je ne les incite, pource que, debilitez par desespoir, ne voudront point essayer ce à quoy ne s'attendront de pouvoir parvenir. Mais c'est chose convenable, que toutes choses soint experimentées de tous ceux qui desirent attaindre à quelque hault point d'excellence et gloire non vulgaire. Que si quelqu'un n'a du tout cete grande vigueur d'esprit, cete parfaite intelligence des disciplines, et toutes ces autres commoditez que j'ay nommées, tienne pourtant le cours tel qu'il poura; car c'est chose honneste à celuy qui aspire au premier ranc, demeurer au second, voire au troizieme. Non Homere seul entre les Grecz, non Virgile entre les Latins, ont acquis loz et reputation. Mais telle a eté la louange de beaucoup d'autres, chacun en son genre, que pour admirer les choses haultes, on ne laissoit pourtant de louer les inferieures (1).

---

(1) « Vereor ne si id quod vis expressero, eumque oratorum quem quæris expressero, tardem studia multorum, qui desperatione debilitati, experiri id nolent, quod se assequi posse diffidant. Sed par est omnes omnia experiri, qui res magnas et magno opere expetendas concupiverunt. Quodsi quem aut natura sua, aut illa præstantis ingenii vis forte deficiet, aut minus instructus erit magnarum artium disciplinis; teneat tamen cum cursum quem poterit : prima enim sequentem, honestum est in secundis tertiisque consistere. Nam in poetis, non Homeri solo locus est, ut de Græcis loquar, aut Archiloco, aut Sophocli, aut Pindaro; sed horum vel secundis, vel etiam infra secundos. » Cicero, *Orator*, cap. I.

Certainement si nous avions des Mecenes et des Augustes, les
cieux et la nature ne sont point si ennemis de nostre siecle, que
n'eussions encores des Virgiles. L'honneur nourist les ars ; nous
sommes tous par la gloire enflammez à l'etude des sciences : et
ne s'elevent jamais les choses qu'on voit estre deprisées de tous.
Les roys et les princes devroint, ce me semble, avoir memoire
de ce grand empereur, qui vouloit plus tost la venerable puissance des loix estre rompue, que les œuvres de Virgile, condam-
nées au feu par le testament de l'aucteur, feussent brulées. Que
diray-je de cet autre grand monarque, qui desiroit plus le renaitre d'Homere que le gaing d'une grosse battaille ? et quel-
quefoys etant pres du tumbeau d'Achile, s'ecria haultement :
ô bienheureux adolescent, qui as trouvé un tel buccinateur de
tes louanges ! Et à la verité, sans la divine muse d'Homere, le
mesme tumbeau, qui couvroit le corps d'Achile, eust aussi acca-
blé son renom ; ce qu'avient à tous ceux qui mettent l'asseurance
de leur immortalité au marbre, au cuyvre, aux collosses, aux
pyramides, aux laborieux edifices, et autres choses non moins
subjectes aux injures du ciel et du tens, de la flamme et du fer,
que de fraiz excessifz et perpetuelle sollicitude. Les allechementz
de Venus, la gueule et les ocieuses plumes ont chassé d'entre
les hommes tout desir de l'immortalité : mais encores est-ce
chose plus indigne que ceux qui d'ignorance et toutes especes
de vices font leur plus grande gloire, se moquent de ceux qui en
ce tant louable labeur poëtique employent les heures, que les
autres consument aux jeuz, aux baings, aux banquez et autres
telz menuz plaisirs. Or neantmoins quelque infelicité de siecle ou
nous soyons, toy, à qui les Dieux et les Muses auront eté si fa-
vorables, comme j'ay dit, bien que tu soye depourveu de la faveur des hommes, ne laisse pourtant à entreprendre un œuvre
digne de toy, mais non deu à ceux, qui, tout ainsi qu'ilz ne font
choses louables, aussi ne font ilz cas d'estre louez. Espere le fruict
de ton labeur de l'incorruptible et non envieuse posterité : c'est
la gloire, seule echelle par les degrez de laquele les mortelz d'un
pié leger montent au ciel, et se font compaignons des Dieux.

CHAP. VI. — *D'inventer des Motz, et quelques autres choses que doit observer de* [*le*] *poëte francoys.*

Mais de peur que le vent d'affection ne pousse mon navire si avant en cete mer que je soye en danger du nauffrage, reprennant la route que j'avoy' laissée, je veux bien avertir celuy qui entreprendra un grand œuvre, qu'il ne craigne point d'inventer, adopter et composer à l'immitation des Grecz, quelques mots francoys, comme Ciceron se vante d'avoir fait en sa langue. Mais si les Grecz et Latins eussent esté supersticieux en cet endroit, qu'auroint-ilz ores de quoy magnifier si haultement cete copie qui est en leurs langues? Et si Horace permet qu'on puysse en un long poëme dormir quelquesfois, est-il deffendu en ce mesme endroict user de quelques motz nouveaux, mesmes quand la necessité nous y contraint? Nul s'il n'est vrayment du tout ignare, voire privé de sens commun, ne doute point que les choses n'ayent premierement eté, puis apres les mots avoit [avoir] eté inventez pour les signifier : et par consequent aux nouvelles choses estre necessaire imposer nouveaux motz, principalement és ars dont l'usaige n'est point encores commun et vulgaire, ce qui peut arriver souvent à nostre poëte, au quel sera necessaire emprunter beaucoup de choses non encor' traitées en nostre langue. Les ouvriers (afin que je ne parle des sciences liberales) jusques aux laboureurs mesmes, et toutes sortes de gens mecaniques, ne pouroint conserver leurs metiers, s'ilz n'usoint de motz à eux uzitez et à nous incongneuz. Je suis bien d'opinion que les procureurs et avocatz usent de termes propres à leur profession, sans rien innouer ; mais vouloir oter la liberté à un scavant homme, qui voudra enrichir sa langue, d'usurper quelquesfois des vocables non vulgaires, ce seroit retraindre notre langaige, non encor' assez riche, soubz une trop plus rigoreuse loy que celle que les Grecz et Romains se sont donnée. Les quelz, combien qu'ilz

feussent sans comparaison plus que nous copieux et riches,
neantmoins ont concedé aux doctes hommes user souvent de motz
non acoutumez és choses non acoutumées.

Ne crains donques, poëte futur, d'innover quelques termes, en
un long poëme principalement, avecques modestie toutesfois,
analogie et jugement de l'oreille, et ne te soucie qui le treuve
bon ou mauvais, esperant que la posterité l'approuvera, comme
celle qui donne foy aux choses douteuses, lumiere aux obscures,
nouveauté aux antiques, usaige aux non acoutumées, et douceur aux apres et rudes. Entre autres choses se garde bien nostre
poëte d'user de noms propres latins ou grecz, chose vrayment
aussi absurde que si tu appliquois une piece de velours verd à
une robe de velours rouge. Mais seroit-ce pas une chose bien
plaisante user, en un ouvraige latin, d'un nom propre d'homme
ou d'autre chose en francoys? comme *Jan currit, Loyre fluit,*
et autres semblables. Accommode donques telz noms propres, de
quelque langue que ce soit, à l'usaige de ton vulgaire, suyvant
les Latins, qui pour Ἡράκλῆς ont dit Hercules, pour Θησεύς
Theseus, et dy Hercule, Thesée, Achile, Ulysse, Virgile, Ciceron, Horace. Tu doibz pourtant user en cela de jugement et
discretion, car il y a beaucoup de telz noms qui ne se peuvent
approprier en francoys, les uns monosyllabes, comme Mars; les
autres dissyllabes, comme Venus; aucuns de plusieurs syllabes,
comme Jupiter, si tu ne voulois dire Jove; et autres infinitz,
dont je ne te scauroy' bailler certaine reigle. Parquoy je renvoye tout au jugement de ton oreille.

Quand au reste, use de motz purement francoys, non toutesfois trop communs, non point aussi trop inusitez, si tu ne voulois quelquefois usurper, et quasi comme enchasser ainsi qu'une
pierre precieuse et rare, quelques motz antiques en ton poëme,
à l'exemple de Virgile, qui a usé de ce mot *olli,* pour *illi, aulai*
pour *aulæ,* et autres. Pour ce faire, te faudroit voir tous ces vieux
romans et poëtes françoys, ou tu trouverras un *ajourner,* pour
faire jour (que les praticiens se sont fait propre) . *annuyter,* pour

faire nuyt, *assener*, pour frapper ou on visoit et proprement d'un coup de main, *isnel*, pour leger, et mil' autres bons motz que nous avons perdus par notre negligence. Ne doute point que le moderé usaige de telz vocables ne donne grande majesté tant au vers comme à la prose, ainsi que font les reliques des sainctz aux croix et autres sacrez joyaux dediez aux temples.

CHAP. VII. *De la Rythme, et des Vers sans rythme.*

Quand à la rythme, je suis bien d'opinion qu'elle soit riche, pour ce qu'elle nous est ce qu'est la quantité aux Grecz et Latins. Et bien que n'ayons cet usaige de piez comme eux, si est-ce que nous avons un certain nombre de syllabes en chacun genre de poëme, par les quelles, comme par chesnons, le vers francois lié et enchaîné, est contraint de se rendre en cete etroite prison de rythme, sous la garde le plus souvent d'une couppe feminine, facheux et rude gëolier et incongnu des autres vulgaires.

Quand je dy que la rythme doit estre riche, je n'entens qu'elle soit contrainte et semblable à celle d'aucuns, qui pensent avoir fait un grand chef d'œuvre en francoys, quand ilz ont rymé un *imminent* et un *eminent*, un *misericordieusement* et un *melodieusement*, et autres de semblable farine, encores qu'il n'y ait sens ou raison qui vaille. Mais la rythme de notre poëte sera voluntaire, non forcée; receüe, non appellée; propre, non aliene; naturelle, non adoptive; bref, elle sera telle que le vers, tumbant en icelle, ne contentera moins l'oreille que une bien armonieuse musique tumbante en un bon et parfait accord. Ces equivoques donq' et ces simples rymez avecques leurs composez, comme un *baisser* et *abaisser*, s'ilz ne changent ou augmentent grandement la signification de leurs simples, me soint chassez bien loing; autrement qui ne voudroit reigler sa rythme comme j'ay dit, il vaudroit beaucoup mieux ne rymer point, mais faire des vers libres, comme a fait Petrarque en quelque endroit, et de notre tens le seigneur Loys Aleman, en sa non moins docte que plaisante agriculture. Mais tout ainsi que les peintres et statuaires mettent plus grand' industrie à faire beaux et bien proportionnez les corps qui sont nuds, que les autres : aussi faudroit-il bien ces vers non rymez, feussent bien charnuz et nerveuz, afin de compenser par ce moyen le default de la rythme.

Je n'ignore point que quelques uns ont fait une division de rythme, l'une en son, et l'autre en ecriture, à cause de ces dyphthongues *ai, ei, oi*, faisant conscience de rymer *maître* et *prestre, fontaines* et *Athenes, connoître* et *naître:* mais je ne veulx que notre poëte regarde si supersticieusement à ces petites choses, et luy doit suffire que les deux dernieres syllabes soint unisones, ce qui arriveroit en la plus grand' part, tant en voix qu'en ecriture, si l'orthographe francoyse n'eust point eté depravée par les praticiens. Et pource que Loys Mégret, non moins amplement que doctement a traité cete partie, lecteur, je te renvoye à son livre; et feray fin à ce propos, t'ayant sans plus averty de ce mot en passant, c'est que tu te gardes de rythmer les motz manifestement longs avecques les brefz, aussi manifestement brefz, comme un *pásse* et *trace*, un *máitre* et *mettre*, une *chevelúre* et *hure*, un *bast* et *bat*, et ainsi des autres.

CHAP. VIII. *De ce mot Rythme; de l'invention des vers rymez; et de quelques autres antiquitez usitées en notre langue.*

Tout ce qui tumbe soubz quelque mesure et jugement de l'oreille, dit Ciceron, en latin s'appelle *numerus*, en grec, ῥυθμὸς non point seulement au vers, mais à l'oraison; parquoy improprement notz anciens ont astrainct le nom du genre soubz l'espece, appellant rythme cete consonance de syllabes à la fin des vers, qui se devroit plus tost nommer ὁμοιοτέλευτον, c'est à dire finissant de mesmes, l'une des especes du rythme. Ainsi les vers, encores qu'ilz ne finissent point en un mesme son, generalement se peuvent apeller rythme, d'autant que la signification de ce mot ῥυθμός est fort ample, et emporte beaucoup d'autres termes, comme κανών, μέτρον μέλος εὔφωνον, ἀκολουθία, τάξις, σύγκρισις, reigle, mesure, melodieuse consonance de voix, consequution, ordre, et comparaison. Or quand à l'antiquité de ces vers que nous appellons rymez, et que les autres vulgaires ont empruntez de nous, si on adjoute foy à Jan le Maire de Belges, diligent rechercheur de l'antiquité, Bardus v. roy des Gaules en feut inventeur, et introduysit une secte de poëtes nommez Bardes, les quelz chantoint melodieusement leurs rymes avecques instrumentz, louant les uns et blamant les autres, et etoint (comme temoingne Dyodore Sicilien en son vi. Livre) de si grand' estime entre les Gaullois, que si deux armées ennemies etoint prestes à combattre, et les ditz poëtes se missent entre deux, la bataille cessoit, et moderoit chacun son ire.

Je pourroy' alleguer assez d'autres antiquitez, dont notre langue aujourd'huy est ennoblie, et qui montrent les Histoires n'estre faulses, qui ont dit les Gaulles anciennement avoir eté florissantes, non seulement en armes, mais en toutes sortes de sciences et bonnes lettres. Mais cela requiert bien un œuvre entier; et ne seroit, apres tant d'excellentes plumes, qui en ont ecrit mesmes de nostre tens, que retixre, comme on dit, la toile de Penelope. Seulement j'ay bien voulu, et ne me semble mal à propos, montrer l'antiquité de deux choses fort vulgaires en notre langue, et non moins anciennes entre les Grecz : l'une est cete inversion de lettres en un propre nom, qui porte quelque devise convenable à la personne, comme en FRANÇOYS DE VALOYS, de facon suys royal; HENRY DE VALOYS, roy es de nul hay. L'autre est en un epigramme, ou quelque autre œuvre poëtique, une certaine election des lettres capitales, disposées en sorte qu'elles portent ou le nom de l'autheur, ou quelque sentence.

Quand à l'inversion de lettres, que les Grecz appellent ἀναγραμματισμὸς, l'interprete de Lycophron dit en sa vie : en ce tens la florissoit Lycophron, non tant pour la poësie que pour ce qu'il faisoit des Anagrammatismes ; exemple du nom du roy Ptolomée : πτολεμαῖος, ἀπὸ μέλιτος, c'est à dire emmiellé, ou de miel ; de la royne Arsinoë, qui feut femme dudit Ptolomée, ἀρσινόη, Ἥρας ἴον. c'est à dire la violette de Juno. Artemidore aussi le Stoïque a laissé en son livre des Songes un chapitre de l'Anagrammatisme, ou il monstre que par l'inversion des lettres on peut exposer les songes.

Quand à la disposition des Lettres capitales, Eusebe, au livre de la preparation evangelique, dit que la Sybille Erythrée avoit prophetizé de JESUCHRIST, preposant à chacun de ses vers certaines lettres, qui declaroint le dernier advenement de Christ. Les dites lettres portoint ces motz : JESUS. CHRISTUS. SERVATOR. CRUX. Les vers feurent translatez par Saint Augustin (et c'est ce qu'on nomme les XV signes du jugement) les quelz se chantent encor' en quelques lieux. Les Grecz appellent cete preposition de lettres au commencement des vers ἀκροστιχίς. Ciceron en parle au livre de Divination, voulant prouver par cete curieuse diligence, que les vers des Sibylles etoint faits par artifice et non par inspiration divine. Cete mesme antiquité se peut voir en tous les argumens de Plaute, dont chacun en ses lettres capitales porte le nom de la comedie.

CHAP. IX. — *Observation de quelque manieres de parler francoyses.*

J'ay declaré en peu de paroles ce qui n'avoit encor' été (que je saiche) touché de notz rhetoriqueurs francoys. Quand aux couppes feminines, apostrophes, accens, l'*é* masculin et l'*e* feminin, et autres telles choses vulgaires, notre poëte les apprendra de ceux qui en ont ecrit. Quand aux especes de vers, qu'ilz veulent limiter, elles sont aussi diverses que la fantasie des hommes et que la mesme nature. Quand aux vertuz et vices du poëme, si diligemment traitez par les anciens comme Aristote, Horace, et apres eux Hieronyme Vide ; quand aux figures des sentences et des motz, et toutes les autres parties de l'eloquution, les lieux de commiseration, de joye, de tristesse, d'ire, d'admi- ration, et toutes autres commotions de l'ame : je n'en parle point apres si grand nombre d'excellens phylosophes et orateurs qui en ont traicté, que je veux avoir eté bien leuz et releuz de nostre poëte, premier qu'il entreprenne quelque hault et excellent ou- vraige. Et tout ainsi qu'entre les aucteurs latins, les meilleurs sont estimez ceux qui de plus pres ont immité les Grecz, je veux aussi que tu t'eforces de rendre, au plus pres du naturel que tu pouras, la phrase et maniere de parler latine, et en tant que la propriété de l'une et l'autre langue le voudra permettre. Autant te dy-je de la greque, dont les facons de parler sont fort approchantes de notre vulgaire, ce que mesmes on peut congnoitre par les Arti- cles, incongneuz de la langue latine.

Use donques hardiment de l'infinitif pour le nom, comme l'al- ler, le chanter, le vivre, le mourir ; de l'adjectif substantivé, comme le liquide des eaux, le vuide de l'air, le fraiz des umbres, l'épes des forestz, l'enroué des cimballes, pourveu que telle ma- niere de parler adjoute quelque grace et vehemence : et non pas, le chault du feu, le froid de la glace, le dur du fer, et leurs sem- blables ; des verbes et participes, qui de leur nature n'ont point d'infinitifz apres eux, avecques des infinitifz, comme tremblant de mourir, et volant d'y aller, pour craignant de mourir, et se hatant d'y aller ; des noms pour les adverbes, comme ilz com- battent obstinez, pour obstinéement, il vole leger, pour legerement ; et mil' autres manieres de parler, que tu pouras mieux observer par frequente et curieuse lecture, que je ne te les scauroy' dire.

Entre autres choses je t'averty' user souvent de la figure ANTO- NOMASIE, aussi frequente aux anciens poëtes, comme peu usitée voire incongnue des Francoys. La grace d'elle est quand on de-

signe le nom de quelque chose par ce qui luy est propre, comme
le Pere foudroyant pour Jupiter, le Dieu deux fois né pour Bac-
chus, la Vierge chasseresse pour Dyane. Cete figure a beaucoup
d'autres especes, que tu trouverras chés les rhetoriciens, et a fort
bonne grace, principalement aux descriptions, comme Depuis
ceux qui voyent premiers rougir l'Aurore jusques la ou Thetis
recoit en ses ondes le filz d'Hyperion, pour Depuis l'Orient jusques à l'Occident. Tu en as assez d'autres exemples és Grecz et
Latins, mesmes en ces divines experiences de Virgile, comme
du fleuve glacé, des douze signes du Zodiaque d'Iris, des douze
labeurs d'Hercule, et autres.

Quand aux Epithetes, qui sont en notz poëtes francoys la plus
grand' part ou froids, ou ocieux, ou mal à propos, je veux que
tu en uses de sorte que, sans eux, ce que tu diras seroit beaucoup moindre, comme la flamme devorante, les souciz mordans,
la gehinnante sollicitude; et regarde bien qu'ilz soint convena-
bles, non seulement à leurs substantifz, mais aussi à ce que tu
decriras, afin que tu ne dies l'eau' undoyante, quand tu la veux
decrire impetueuse, ou la flamme ardente, quand tu la veux montrer languissante. Tu as Horace entre les Latins fort heureux en
cecy comme en toutes choses.

Garde toy aussi de tumber en un vice commun mesmes aux
plus excellens de nostre langue, c'est l'omission des Articles. Tu
as exemple de ce vice en infiniz endroictz de ces petites poësies
francoyses. J'ay quasi oublié un autre default bien usité et de
tres mauvaise grace : c'est quand en la quadrature des vers heroïques la sentence est trop abruptement coupée, comme Si non
que tu en montres un plus seur.

Voyla ce que je te vouloy' dire brevement de ce que tu doibz
observer tant au vers comme à certaines manieres de parler, peu
ou point encor' usitées des Francoys. Il y en a qui fort supersticieusement entremeslent les vers masculins avecques les feminins,
comme on peut voir aux Psalmes traduictz par Marot : ce qu'il a
observé (comme je croy') afin que plus facilement on les peust

chanter sans varier la musique pour la diversité des mescures
qui se trouverroint à la fin des vers. Je treuve cete diligence
fort bonne, pourveu que tu n'en faces point de religion jusques
à contreindre ta diction pour observer telles choses. Regarde
principalement qu'en ton vers n'y ait rien dur, hyulque, ou re-
dundant; que les periodes soint bien joinctz, numereux, bien
remplissans l'oreille, et telz qu'ilz n'excedent point ce terme et
but, que naturellement nous sentons, soit en lisant ou ecoutant.

CHAP. X. — *De bien prononcer les vers.*

Ce lieu ne me semble mal à propos dire un mot de la prononciation, que les Grecz appellent ὑπόκρισις [ὑπόκρισις] afin que s'il t'a-
vient de reciter quelquesfois tes vers, tu les prononces d'un son dis-
tinct, non confuz; viril, non effeminé; avecques une voix accom-
modée à toutes les affections que tu voudras exprimer en tes vers. Et
certes comme icelle prononciation, et geste approprié à la matiere
que lon [l'on] traite, voyre par le jugement de Demosthene, est le
principal de l'orateur, aussi n'est-ce peu de chose que de pro-
nuncer ses vers de bonne grace; veu que la poësie (comme dit
Ciceron) a eté inventée par observation de prudence et mesure
des oreilles, dont le jugement est tressuperbe, comme de celles
qui repudient toutes choses apres et rudes, non seulement en
composition et structure de motz, mais aussi en modulation de
voix. Nous lisons cete grace de prononcer avoir eté fort excellente en Virgile, et telle qu'un poëte de son tens disoit que les
vers de luy, par luy prononcez, etoint sonoreux et graves; par
autres, flacques et effeminez.

CHAP. XI. — *De quelques observations oultre l'Artifice, avecques une Invective contre les mauvais poëtes francoys.*

Je ne demeureray longuement en ce que s'ensuit, pour ce que nostre poëte, tel que je le veux, le poura assez entendre par son bon jugement, sans aucunes traditions de reigles. Du tens donques et du lieu qu'il fault elire pour la cogitation, je ne luy en bailleray autres preceptes, que ceux que son plaisir et sa disposition luy ordonneront. Les uns ayment les fresches umbres des forestz, les clairs ruisselez doucement murmurans parmy les prez ornez et tapissez de verdure. Les autres se delectent du secret des chambres et doctes etudes. Il fault s'accommoder à la saison et au lieu. Bien te veux-je avertir de chercher la solitude et le silence amy des muses, qui aussi (affin que ne laisses passer cete fureur divine, qui quelquesfois agite et echauffe les espris poëtiques, et sans la quele ne fault point que nul espere faire chose qui dure) n'ouvrent jamais la porte de leur sacré cabinet, sinon à ceux qui hurtent rudement.

Je ne veux oublier l'Emendation, partie certes la plus utile de notz etudes. L'office d'elle est ajouter, oter, ou muer à loysir ce que cete premiere impetuosité et ardeur d'ecrire n'avoit permis de faire. Pourtant est il necessaire, afin que noz ecriz, comme enfans nouveaux nez, ne nous flattent, les remettre à part, les revoir souvent, et, en la maniere des ours, à force de lecher leur donner forme et facon de membres, non immitant ces importuns versificateurs, nommez des Grecz μουσοπάταγοι, qui rompent à toutes heures les oreilles des miserables auditeurs par leurs nouveaux poëmes. Il ne fault pourtant y estre trop supersticieux, ou (comme les elephans leurs petiz) estre X ans à enfanter ses vers. Sur tout nous convient avoir quelque scavant et fidele compaignon, ou un amy bien familier, voire trois ou quatre, qui veillent et puissent congnoitre noz fautes, et ne craignent point blesser nostre papier avecques les ungles. Encores te veux-je advertir de

hanter quelquesfois, non seulement les scavans, mais aussi toutes
sortes d'ouvriers et gens mecaniques, comme marinieres [mari-
niers], fondeurs, peintres, engraveurs, et autres; scavoir leurs inventions, les noms des matieres, des outilz, et les termes usitez en
leurs ars et metiers, pour tyrer de la ces belles comparaisons et vives descriptions de toutes choses. Vous semble point, messieurs,
qui etes si ennemis de vostre langue, que nostre poëte ainsi armé
puisse sortir à la campaigne, et se montrer sur les rancz, avecques les braves scadrons grecz et romains?

Et vous autres si mal equipez, dont l'ignorance a donné le ridicule nom de Rymeurs à nostre langue (comme les Latins appellent
leurs mauvais poëtes versificateurs), oserez vous bien endurer le
soleil, la poudre, et le dangereux labeur de ce combat? Je suis
d'opinion que vous retiriez au bagaige avecques les paiges et la-
quais, ou bien (car j'ay pitié de vous) soubz les fraiz umbraiges,
aux sumptueux palaiz des grands seigneurs et cours magnifiques
des princes, entre les dames et damoizelles, ou votz beaux et mi-
gnons ecriz, nom [non] de plus longue durée que vostre vie, seront receuz, admirés et adorés, non point aux doctes etudes et
riches byblyotheques des scavans. Que pleust aux muses, pour le
bien que je veux à nostre langue, que votz ineptes œuvres feussent bannys, non seulement de la (comme ilz sont) mais de toute
la France. Je voudroys bien qu'à l'exemple de ce grand monarque, qui defendit que nul n'entreprist de le tirer en tableau sinon
Apelle, ou en statue sinon Lysippe (1), tous roys et princes amateurs de leur langue deffendissent, par edict expres, à leurs sub-
jectz de non mettre en lumiere œuvre aucun, et aux impri-
meurs de non l'imprimer, si premierement il n'avoit enduré la
lyme de quelque scavant homme, aussi peu adulateur qu'etoit ce

(1)   Edicto veluit ne quis se, præter Apellem,
        Pingeret, aut alius Lysippo duceret æra
        Fortis Alexandri vultum simulantia.
              HORAT., Epistol., lib. II, ep. 1, v. 239-241.

Quintilie, dont parle Horace en son art poëtique, ou, et en infiniz autres endroitz dudit Horace, on peut voir les vices des poëtes modernes exprimés si au vif, qu'il semble avoir ecrit, non du
tens d'Auguste, mais de Francoys et de Henry. Les medicins,
dict il, promettent ce qui appartient aux medicins, les fevures
taictent [traictent] ce qui appartient aux fevures, mais nous ecrivons
ordinairement des poëmes, autant les indoctes comme les doctes(1).
Voyla pourquoy ne se fault emerveiller, si beaucoup de scavans ne
daignent au jour d'huy ecrire en nostre langue, et si les etrangers ne
la prisent comme nous faisons les leur [leurs], d'autant qu'ilz voyent
en icelle tant de nouveaux aucteurs ignorans, ce qui leur fait penser
qu'elle n'est capable de plus grand ornement et erudition. O combien je desire voir secher ces Printens, chatier ces Petites jeu-
nesses, rabbattre ces Coups d'essay, tarir ces Fontaines, bref abo-
lir tous ces beaux tiltres assez suffisans pour degouter tout lecteur
scavant d'en lire d'avantaige. Je ne souhaite moins que ces De-
pourveuz, ces humbles Esperans, ces Banniz de lyesse, ces Es-
claves, ces Traverseurs soient renvoyés à la Table ronde, et ces
belles petites devises aux gentilzhommes et damoyselles, d'ou
on les a empruntées.

Que diray plus? Je supplie à Phebus Apollon que la France,
apres avoir eté si longuement sterile, grosse de luy, enfante bien
tost un poëte, dont le luc bien resonnant face taire ces enrouées
cornemuses, non autrement que les grenoilles, quand on jette
une pierre en leur maraiz. Et si non obstant cela, cette fievre
chaude d'ecrire les tormentoit encores, je leur conseilleroy' ou
d'aller prendre medicine en Anticyre, ou, pour le mieux, se
remettre à l'etude, et sans honte, à l'exemple de Caton qui en

---

(1)   Navem agere ignarus navis timet ; abrotonum ægro
        Non audet, nisi qui didicit, dare ; quod medicorum est
        Promittunt medici ; tractant fabrilia fabri :
        Scribimus indocti doctique poemata passim.
                          Horat., *Epistol.*, lib. II, v. 114-117.

sa vieillesse apprist les lettres grecques. Je pense bien qu'en parlant ainsi de notz rymeurs, je sembleray à beaucoup trop mordant
et satyrique, mais veritable à ceux qui ont scavoir et jugement, et
qui desirent la santé de nostre langue, ou cet ulcere et chair cor-
rumpue de mauvaises poësies est si inveterée, qu'elle ne se peut
oter qu'avec le fer et le cautere.

Pour conclure ce propos, saiches, lecteur, que celuy sera veritablement le poëte que je cherche en nostre langue, qui me fera in-
digner, apayser, ejouyr, douloir, aymer, hayr, admirer, eton-
ner, bref, qui tiendra la bride de mes affections, me tournant
ça et la à son plaisir. Voyla la vraye pierre de touche ou il fault
que tu epreuves tous poëmes et en toutes langues. Je m'attens
bien qu'il s'en trouverra beaucoup de ceux qui ne treuvent rien
bon, sinon ce qu'ilz entendent et pensent pouvoir immiter,
aux quelz nostre poëte ne sera pas agreable ; qui diront qu'il n'i a
aucun plaisir et moins de profit à lire telz ecriz ; que ce ne sont
que fictions poëtiques ; que Marot n'a point ainsi ecrit. A telz,
pource qu'ilz n'entendent la poësie que de nom, je ne suis deli-
beré de repondre, produysant pour deffence tant d'excellens ouvraiges poëtiques grecz, latins et italiens, aussi alienes de ce
genre d'ecrire, qu'ilz approuvent tant, comme ilz sont eux mesmes eloingnez de toute bonne erudition. Seulement veux-je ad-
monnester celuy qui aspire à une gloyre non vulgaire, s'eloingner
de ces ineptes admirateurs, fuyr ce peuple ignorant, peuple ennemy de tout rare et antique scavoir ; se contenter de peu de lecteurs, à l'exemple de celuy qui pour tous auditeurs ne deman-
doit que Platon ; et d'Horace, qui veult ses œuvres estre leuz de
trois ou quatre seulement, entre les quelz est Auguste.

Tu as, lecteur, mon jugement de nostre Poëte francoys, le quel
tu suyvras, si tu le treuves bon, ou te tiendras au tien, si tu en
as quelque autre. Car je n'ignore point combien les jugementz
des hommes sont divers, comme en toutes choses, principalement
en la poësie, la quelle est comme une peinture, et non moins
qu'elle subjecte à l'opinion du vulgaire. Le principal but ou je

vise, c'est la deffence de notre langue, l'ornement et amplification
d'icelle, en quoy si je n'ay grandement soulaigé l'industrie et labeur de ceux qui aspirent à cete gloire, ou si du tout je ne leur
ay point aydé, pour le moins je penseray avoir beaucoup fait, si
je leur ay donné bonne volunté.

CHAP. XII — *Exhortation aux Francoys d'ecrire en leur langue; avecques les Louanges de la France.*

Donques, s'il est ainsi, que de nostre tens les astres, comme
d'un accord, ont par une heureuse influence conspiré en l'honneur et accroissement de notre langue, qui sera celuy des scavans qui n'y voudra mettre la main, y rependant de tous cotez
les fleurs et fruictz de ces riches cornes d'abundance greque et
latine? ou, à tout le moins, qui ne louëra et approuvera l'industrie des autres? Mais qui sera celuy qui la vouldra blámer?
Nul, s'il n'est vrayment ennemy du Nom francoys. Ce prudent et
vertueux Themistocle Athenien montra bien que la mesme loy
naturelle, qui commande à chacun defendre le lieu de sa naissance, nous oblige aussi de garder la dignité de notre langue,
quand il condamna à mort un herault du roy de Perse, seulement
pour avoir employé la langue attique aux commandemens du Barbare. La gloire du peuple romain n'est moindre (comme a dit
quelqu'un) en l'amplification de son langaige que de ses limites;
car la plus haulte excellence de leur republique, voire du tens
d'Auguste, n'etoit assez forte pour se deffendre contre l'injure du
tens par le moyen de son Capitole, de ses Thermes et magnifiques
palaiz, sans le benefice de leur langue, pour la quele seulement
nous les louons, nous les admirons, nous les adorons.

Sommes-nous donques moindres que les Grecz ou Romains,
qui faisons si peu de cas de la nostre? Je n'ay entrepris de faire
comparaison de nous à ceulx la, pour ne faire tort à la vertu fran-

coyse, la conferant à la vanité gregeoyse; et moins à ceux cy, pour la trop ennuyeuse longueur que ce scroit de repeter l'origine des deux nations, leurs faictz, leurs loix, meurs et manieres de vivre, les consulz, dictateurs et empereurs de l'une, les roys, ducz et princes de l'autre. Je confesse que la fortune leur ait quelquesfoys eté plus favorable qu'à nous : mais aussi diray-je bien (sans renouveler les vieilles playes de Romme, et de quele excellence, en quel meprix de tout le monde, par ses forces mesmes elle a eté precipitée) (1) que la France, soit en repos ou en guerre, est de long intervalle à preferer à l'Italie, serve maintenant et mercenaire de ceux aux quelz elle souloit commander. Je ne parleray icy de la temperie de l'air, fertilité de la terre, abundance de tous genres de fruictz necessaires pour l'ayse et entretien de la vie humaine, et autres innumerables commoditez, que le Ciel, plus prodigalement que liberalement, a elargy à la France. Je ne conteray tant de grosses rivieres, tant de belles forestz, tant de villes non moins opulentes que fortes et pourveuës de toutes munitions de guerre. Finablement je ne parleray de tant de metiers, arz et sciences, qui florissent entre nous, comme la musique, peinture, statuaire, architecture, et autres, non gueres moins que jadis entre les Grecz et Romains. Et si pour trouver l'or et l'argent, le fer n'y viole point les sacrées entrailles de nostre antique mere; si les gemmes, les odeurs et autres corruptions de la premiere generosité des hommes, n'y sont point cherchées du marchant avare : aussi le tigre enraigé, la cruelle semence des lyons, les herbes empoisonneresses, et tant d'autres pestes de la vie humaine, en sont bien eloignées. Je suis content que ces felicitez nous soient communes avecques autres nations, principalement l'Italie : mais quand à la pieté, religion, integrité de meurs, magnanimité de couraiges, et toutes ces vertuz rares et

---

(1) « Ut paulatim immutata, ex pulcherruma, pessuma ac flagitiosissuma facta sit. » SALLUST., *Bell. Catil.*, ch. 5.

antiques (qui est la vraye et solide louange), la France a tousjours obtenu sans controverse le premier lieu (1).

Pourquoy donques sommes-nous si grands admirateurs d'autruy ? pourquoy sommes nous tant iniques à nous mesmes? pourquoy mandions nous les langues etrangeres, comme si nous avions
honte d'user de la nostre ? Caton l'aisné (je dy celuy Caton, dont
la grave sentence a eté tant de foys approuvée du senat et peuple
romain) dist à Posthumie Albin, s'excusant de ce que luy, homme
romain, avoit ecrit une Hystoire en grec : Il est vray qu'il t'eust
faillu pardonner, si par le decret des Amphyctioniens tu eusses
eté contraint d'ecrire en grec; se moquant de l'ambicieuse curiosité de celuy qui aymoit mieulx ecrire en une langue etrangere
qu'en la sienne. Horace dit que Romule en songe l'amonnesta,
lors qu'il faisoit des vers grecz, de ne porter du boys en la forest,
ce que font ordinairement ceux qui ecrivent en grec et en latin (2).

***

(1)   Hic ver assiduum, atque alienis mensibus æstas ;
        Bis gravidæ pecudes, bis pomis utilis arbos.
        At rabidæ tigres absunt, et sæva leonum
        Semina ; nec miseros fallunt aconita legentes.

        .   .   .   .

        Adde tot egregias urbes operumque laborem,
        Tot congesta manu præruptis oppida saxis,
        Flumina antiquos subterlabentia muros.

        .   .   .   .

        Salve, magna parens frugum, Saturnia tellus,
        Magna virûm. »   Virgil., *Georgic.*, lib. II, v. 149 174.

André Chénier a imité encore de plus près ce poétique éloge de
l'Italie dans l'*Hymne à la France*, qui commence par ce vers :

        « France, ô belle contrée, ô terre généreuse ! »

(2)   « Atqui ego, quum Græcos facerem, natus mare citra,
        Versiculos, vetuit me tali voce Quirinus,
        Post mediam noctem visus, quum somnia vera :
        In sylvam non ligna feras insanius, ac si
        Magnas Græcorum malis implere catervas. »

                            Horat., *Sermonum.* l. I, sat. x, v. 31-35.

Et quand la gloire seule, non l'amour de la vertu, nous devroit in-
duire aux actes vertueux, si ne voy-je pour tant qu'elle soit
moindre à celuy qui est excellent en son vulgaire, qu'à celui qui
n'ecrit qu'en grec ou en latin. Vray est que le nom de cetuy cy
(pour autant que ces deux langues sont plus fameuses) s'etent en
plus de lieux : mais bien souvent comme la fumée, qui, fort grosse
au commencement, peu à peu s'evanouist parmy le grand espace
de l'air, il se perd; ou, pour estre opprimé de l'infinie multitude
des autres plus renommez, il demeure quasi en scilence et obscurité. Mais la gloire de cetuy la, d'autant qu'elle se contient en
ses limites et n'est divisée en tant de lieux que l'autre, est de
plus longue durée, comme ayant son siege et demeure certaine.

Quand Ciceron et Virgile se misrent à ecrire en latin, l'eloquence et la poësie etoint encor' en enfance entre les Romains,
et au plus haut de leur excellence entre les Grecz. Si donques
ceux que j'ay nommez, dedaignans leur langue, eussent ecrit en
grec, est-il croyable qu'ilz eussent egalé Homere et Demosthene?
Pour le moins n'eussent ilz eté entre les Grecz ce qu'ilz sont
entre les Latins. Petrarque semblablement et Boccace, combien qu'ilz aient beaucoup ecrit en latin, si est-ce que cela
n'eust eté suffisant pour leur donner ce grand honneur qu'ilz ont
acquis, s'ilz n'eussent ecrit en leur langue. Ce que bien congnois-
sans, maintz bons espris de notre tens, combien qu'ilz eussent
ja acquis un bruyt non vulgaire entre les Latins, se sont neantmoins convertiz à leur langue maternelle, mesmes Italiens, qui
ont beaucoup plus grande raison d'adorer la langue latine que
nous n'avons. Je me contenteray de nommer ce docte cardinal
Pierre Bembe, duquel je doute si onques homme immita plus
curieusement Ciceron, si ce n'est paraventure un Christofle
Longueil. Toutesfois parce qu'il a ecrit en italien, tant en vers
comme en prose, il a illustré et sa langue et son nom trop plus
qu'ilz n'estoint auparavant.

Quelqu'un, peut estre, deja persuadé par les raisons que
j'ay alleguées, se convertiroit voluntiers à son vulgaire, s'il avoit

quelques exemples domestiques : et je dy que d'autant s'y doit il
plus tost mettre, pour occuper le premier ce à quoy les autres
ont failly. Les larges campaignes greques et latines sont deja si
pleines, que bien peu reste d'espace vide. Ja beaucoup d'une course
legere ont attaint le but tant desiré; long temps [tens] y a que le
prix est gaigné. Mais, ô bon Dieu, combien de mer nous reste
encores, avant que soyons parvenuz au port ! combien le terme
de nostre course est encores loing ! Toutesfoys je te veux bien
avertir que tous les scavans hommes de France n'ont point me-
prisé leur vulgaire. Celuy qui fait renaitre Aristophane, et faint
si bien le nez de Lucian, en porte bon temoignage. A ma volunté
que beaucoup, en divers genres d'ecrire, volussent faire le semblable, non point s'amuser à derober l'ecorce de celuy dont je
parle, pour en couvrir le boys tout vermoulu de je ne scay queles lourderies, si mal plaisantes qu'il ne faudroit autre recepte
pour faire passer l'envie de ryre à Democrite. Je ne craindray
point d'aleguer encores pour tous les autres ces deux lumieres
francoyses, Guillaume Budé et Lazare de Bayf, dont le premier a ecrit, non moins amplement que doctement, l'Institution
du Prince, oeuvre certes assez recommandé par le seul nom de
l'ouvrier ; l'autre n'a pas seulement traduict l'Electre de Sophocle, quasi vers pour vers, chose laborieuse, comme entendent
ceux qui ont essayé le semblable : mais d'avantaige a donné à
nostre langue le nom d'*epigrammes* et d'*elegies*, avecques ce beau
mot composé, *aigredoulx*, afin qu'on n'attribue l'honneur de ces
choses à quelque autre. Et de ce que je dy m'a asseuré un gen-
tilhomme mien amy, homme certes non moins digne de foy
que de singuliere erudition et jugement non vulgaire. Il me semble, Lecteur amy des muses francoyses, qu'apres ceux que j'ay
nommez, tu ne doys avoir honte d'ecrire en ta langue : mais encores doibs-tu, si tu es amy de la France, voyre de toymesmes,
t'y donner du tout, avecques cete genereuse opinion, qu'il vault
mieux estre un Achille entre les siens qu'un Diomede, voyre
bien souvent un Thersite, entre les autres.

Conclusion de tout l'Oeuvre.

Or sommes nous, la grace à Dieu, par beaucoup de perilz et de flots etrangers, renduz au port, à seureté. Nous avons echappé du millieu des Grecz, et par les scadrons romains penetré jusques au seing de la tant desirée France. La donques Francoys, marchez couraigeusement vers cete superbe cité romaine : et des serves depouilles d'elle (comme vous avez fait plus d'une fois) ornez voz temples et autelz. Ne craignez plus ces oyes cryardes, ce fier Manlie et ce traitre Camile, qui soubz umbre de bonne foy, vous surprenne tous nudz contans la rançon du Capitole. Donnez en cette Grece menteresse, et y semez encor' un coup la fameuse nation des Gallogrecz. Pillez moy sans conscience les sacrez thesors de ce temple Delphique, ainsi que vous avez fait autrefoys; et ne craignez plus ce muet Apollon, ces faulx oracles, ny ses flesches rebouchées. Vous souvienne de votre ancienne Marseille, secondes Athenes, et de votre Hercule Gallique, tirant les peuples apres luy par leurs oreilles avecques une chesne attachée à sa langue.

Fin de la Deffence et illustration
de la Langue Francoyse.

TABLE.

———

FIN DE LA TABLE.

www.ingramcontent.com/pod-product-compliance
Lightning Source LLC
Chambersburg PA
CBHW050022100426

42739CB00011B/2755